Anselm Spring

MYTHOS SCHWAN

Anselm Spring

MYTHOS SCHWAN

Texte von Sibylle Kaldewey

und Brigitte Beil

Vorwort von August Everding

FREDERKING & THALER

Der Verlag dankt für die freundliche Genehmigung zum Abdruck folgender Zitate:
S. 66: William Butler Yeats, Die wilden Schwäne von Coole, © 1960 Hermann Luchterhand Verlag GmbH, Darmstadt und Neuwied. Jetzt: Luchterhand Literaturverlag GmbH, München
S. 120: William Butler Yeats, Gedichte, Übers. v. Herberth E. Herlitschka, Copyright d. dt. Übers. © 1958 by Verlags AG Die Arche, Zürich

Die Deutsche Bibliothek - CIP-Einheitsaufnahme
Mythos Schwan / Fotos von Anselm Spring. Vorw. von August Everding. Texte von Sibylle Kaldewey und Brigitte Beil. - München : Frederking und Thaler, 1998
ISBN 3-89405-383-6

Fotos: Anselm Spring sowie S. 110–113 Ernstfried Prade
Texte: Sibylle Kaldewey, Berlin, und Dr. Brigitte Beil, München
Vorwort: Prof. Dr. August Everding, München
Lektorat: Irene Rumler, München
Umschlaggestaltung und Layout: Ernstfried Prade, Pradesign, Kinsau
Herstellung und Satz: Caroline Sieveking, München
Reproduktion: media one Werbeproduktionen GmbH, München
Druck und Bindung: EBS, Editoriale Bortolazzi-Stei s.r.l., Verona
Printed in Italy

ISBN 3-89405-383-6

Umwelthinweis: Das Papier wurde aus chlorfrei gebleichtem Zellstoff hergestellt und enthält keine Aufheller. Die Einschweißfolie – zum Schutz vor Verschmutzung – ist aus umweltfreundlicher und recyclingfähiger PE–Folie.

INHALT

Sagenhafter Schwan 12

Weißer Mythos 14

Sie kommen · Landen · Schwanenfluß 19

Baden in reinem Licht 39

Das Gefieder · Schwanenweiß · Die Feder 52

... und ist doch eine Gans 69

Göttlicher Alltag 72

Schwanensee 86

Lohengrin 88

High Noon · Schwanenritter 94

Leda und der Schwan 120

Göttliches Paar 125

Schwarz geboren 139

Das häßliche Entlein 148

Porträt eines Überirdischen 158

Sie entschwinden · Abschied vom Schwan 179

Fotografische Notizen zum Schwan 190

Zitatnachweis 192

SAGENHAFTER SCHWAN

Kaum ein Tier hat die Phantasie der Menschen ähnlich angeregt wie der Schwan. Ein sonderbarer Zauber geht von diesem Vogel aus. Alte Mythen berichten von ihm ebenso wie Dichtung und Musik heute. Es mag an seinem majestätischen Äußeren liegen, an seiner graziösen, hoheitsvollen Haltung. Wenn er auf den Wassern seine Kreise zieht, scheint ihn nichts aus der Ruhe zu bringen. Seine Farbe verheißt Reinheit und Unberührbarkeit, sein Wesen Stolz und Würde. Hätte nicht rohe Löwengewalt das Sagen, er gäbe einen idealen König der Tiere ab. So wundert es nicht, daß die Magnaten dieser Welt ihre Tümpel mit diesen bezaubernden Wesen schmückten und schmücken. In Großbritannien etwa stehen Schwäne bis heute unter königlichem Schutz. Nur die Queen darf sich alljährlich an ihnen vergreifen und läßt sich einen Schwan, gebraten wie eine profane Mastgans, auftischen. Ein schauderhafter Gedanke. Das hat er nun wirklich nicht verdient! Man bedenke die Gefahr, einen verwandelten Menschen zu erwischen, von denen die Geschichten so häufig berichten. Böse Kräfte bannen darin unbescholtene Menschen in die reine Gestalt eines Schwanes – auf Erlösung wartend, nicht aber auf den Bratspieß.

Die alten Erlösungsmythen tauchen natürlich auch in einer Reihe von Bühnenkunstwerken auf. An erster Stelle wäre da Gottfried von Brabant zu nennen, von dem Richard Wagner in seiner Oper *Lohengrin* berichtet. Die zwielichtige Friesenfürstin Ortrud hat Gottfried in einen Schwan verwandelt, um seine Schwester Elsa zu diskreditieren. Lohengrin wird nun geschickt, um reinen Tisch zu machen. Dabei läßt er sich natürlich nicht einen der effektvollsten Auftritte der Operngeschichte entgehen. Der Schwan Gottfried zieht den Nachen mit dem Helden auf die Bühne und wird dafür vom Volk zunächst mehr bewundert als der Recke: »Welch ein seltsam Wunder! Wie? Ein Schwan?« Immerhin zeigt sich Lohengrin nicht nachtragend und bedankt sich bei seinem Zugtier mit der wunderschönen musikalischen Phrase: »Sei nun bedankt, mein lieber Schwan!« Letztlich wird Gottfried in einen Menschen zurückverwandelt und statt dessen die Gralstaube vor den Nachen gespannt.

König Ludwig II. von Bayern hat sich nur zu gerne in der Rolle des Lohengrin gesehen und verbrachte Stunden in seinen Schwimmschwänen auf dem Dach der Münchner Residenz oder in der Venusgrotte von Schloß Linderhof. Sonderlich seetüchtig waren diese Vehikel wohl nicht, aber die Vorstellungskraft des Märchenkönigs, unterstützt durch modernste Beleuchtungs- und Bühnentechnik, sorgte für die vollendete Illusion. Immerhin war er in Hohenschwangau aufgewachsen, wo man Schwäne – gemalt und in natura – allgegenwärtig antrifft. Eine spezielle Affinität liegt daher nahe.

Wenn von Schwänen und Musik die Rede ist, denkt natürlich jeder sofort an den Schwanengesang. Dahinter steht die Mär, daß Schwäne kurz vor ihrem Tode wunderschön singen – ein Todesmythos, der bis auf Aischylos und Platon zurückreicht. Seitdem werden die letzten Werke vor allem von Musikern und Dichtern gerne als Schwanengesang bezeichnet. Offen gestanden, ich habe Schwäne tatsächlich nur röhren und fauchen gehört. Dafür erfreuten sie sich aber auch bester Gesundheit.

Unter dem Titel *Schwanengesang* wurden posthum die Heine- und Rellstab-Lieder Franz Schuberts herausgegeben, die er zum Teil noch in seinem Todesjahr 1928 komponiert hatte. Vor allem die Heine-Lieder sind wahre Schwanengesänge – erschütternde, gewaltige, selbstenthüllende Nachtstücke. Geschäftstüchtig preist der Verleger die Lieder als »die letzten Blüten einer edlen Kraft«. Am Ende aber steht – Ironie des Schicksals – wieder die Taube. Mit dem letzten Heine-Lied, der »Taubenpost«, beschließt Schubert sein Liedschaffen nicht todesverbunden, sondern leicht, ja fast tänzerisch.

Darüber hinaus existieren viele weitere Schwanengesänge von diversen Komponisten. Die meisten halten aber nicht, was sie versprechen. Hervorzuheben ist lediglich Sibelius' *Der Schwan von Tuonela* mit seinen wunderschönen Englischhorn-Soli.

Der Schwan als Bürge für einen Tod in Schönheit. Wenn das jemals galt, dann für den Tanz. Peter Iljitsch Tschaikowsky schuf 1876 mit seinem *Schwanensee* den Inbegriff des romantischen Ballets. Generationen von Eleven versuchten sich seitdem mehr oder weniger erfolgreich als spitzentänzelnde Schwäne. Unvergessen bis heute Anna Pawlowa in der Rolle der Odette. Ihr schwarzer Schwan wurde legendär. Sie beherrschte die Schwanenbewegungen so vollendet, daß Camille Saint-Saëns extra für sie 1905 den *Sterbenden Schwan* komponierte und Michail Fokine die Choreographie entwarf. Pawlowas Erfolg mit diesem Pas seul war unbeschreiblich, und ihr Ruf als Ballerina assoluta gilt bis heute.

Die Mythen vom Schwan als verzaubertes Wesen und Todesverkünder finden nur noch eine Steigerung. Eine thüringische Sage vom Frauenberg berichtet den Endzeitmythos von einem Schwan, der einen goldenen Ring im Schnabel hält. Wenn der Ring das Wasser des Sees berührt, so heißt es dort, geht die Welt unter. Hoffentlich kommt dieser Schwan nie auf die Idee zu singen.

August Everding

WEISSER MYTHOS

»Von einer Farbe seid gegrüßt, ihr Dichter,
ihr Lieblinge des göttlichen Geistes, seid gegrüßt,
ihr Herzen reiner als Schnee!«

Der Schwan fasziniert die Menschheit seit der Antike. Seine überirdische Ausstrahlung ließ Mythen, Legenden und Märchen entstehen. Die reinweiße Schönheit seines Gefieders, die Schwerelosigkeit seiner Bewegung auf dem Wasser inspirierten Künstler in allen Jahrhunderten. Die Sehnsucht des Menschen nach anderen Ländern, nach dem Unbekannten, erwacht, wenn der wilde Schwan seine großen Schwingen ausbreitet und zum Wanderfluge abhebt. Zieht er still auf dem Wasser, tiefsinnig gelangweilt, erweckt er melancholische Gefühle. Der Schwan wird zum Sinnbild der Poesie und Reinheit des Dichters. So wurde Shakespeare als »holder Schwan vom Avon« geehrt, und Vergil bezeichnete man als Schwan von Mantua.

Vielfältiges läßt sich in diese Bilder von Harmonie, von Schönheit und Ganzheit hineinträumen. Variabel sind die Wünsche, die sich daran knüpfen lassen. Ist er ein verzauberter Prinz, oder sind wir verzauberte Schwäne? Wer sich mit dem Schwan beschäftigt, sich auf ein Zwiegespräch einläßt, wird sich beim Betrachten des königlichen Vogels in sein Bild vertiefen. Die Begegnung mit dem Schwan ist auch heute noch ein mystisches Eintauchen in den Zauber der Luft- und Wasserwelten und ihrer Poesie.

Geheimnisvoll erscheint uns die Herkunft des Vogels: Ist er selbst ein Vertriebener, ein schneeweißer Bote aus einem verlorenen Paradies, ein Luftschwebender, der durch schwarze Schwimmfüße entzaubert und zur Gans wurde?

Die Gestalt des Schwans, sein Mythos, zieht ruhmreich und erhaben durch viele Kulturen der Welt.

So lassen die alten Ägypter die Weltschöpfung aus dem Ei einer Urgans entstehen – aus ihm wird die Sonne geboren. Das Bild des Schwans ziert die Opferkammern der Pharaonen und schmückt Tempelreliefs. Auch im Grab des Königs Tutanchamun fand sich ein kleiner Holzschwan.

Einem indischen Volksmythos zufolge schlüpfen die ersten menschlichen Wesen, ein Mädchen und ein Junge, aus einem Schwanenei aus. Brahma, der Hindu-Gott, reitet auf einem Schwan, das Tier ist seine Kutsche.

Die Kelten spannen die Schwäne vor ihren Kultwagen. Das Tier gilt ihnen als Zaubervogel, der »oft mit goldenen und silbernen Kettchen zu Paaren verbunden ist«. Der Sagenkreis um König Artus wird zur Grundlage für unsere mittelalterlichen Helden: Parzival und den Schwanenritter.

Aber der eigentliche Schwanenkult, die Vergöttlichung des weißen Vogels, findet erst in der Mythologie der Griechen und Römer statt. An ihrer Überlieferung beteiligen sich alle großen Schriftsteller und Dichter der Antike, von Aesop über Homer bis zu Vergil.

Die Griechen gesellen den prächtigen Vogel Apollon bei, dem Gott des Lichts und dem Musenführer, der durch ihn die Gabe der Weissagung erhält. Auf großen, weichen Schwingen wird der Gott durch die heiligen Lüfte nach Delphi oder in den hohen Norden ins Land der Hyperboreer getragen. Dort, am winterlichen Fluß Hebros, vermutete man das Land der ewigen Glückseligkeit, ein irdisches Paradies. Wundersame Konzerte von Priestern und Scharen von Schwänen, die sich zu Ehren des Gottes vor dem Tempel versammelten, sollen dort stattgefunden haben.

Der Römer Claudius Aelianus berichtet darüber: »Wenn nun die Sänger dem Gotte ihr Lied singen und die Zitherschläger in die Saiten stürmen, so singen auch die Schwäne in vollem Chore mit, und nie hört man da einen mißhelligen Ton.«

Der griechische Geograph Dionysios ergänzt das Bild: »Schluchten und Felsen hallen wider von ihrem Gesange. Sie sind unter allen Vögeln, die wir kennen, die besten Musiker und dem Apollo heilig. Ihr Gesang ist nicht traurig wie der der Eisvögel, sondern lieblich und süß wie Flöten- und Zitherton ...«

Und Ariost meint gar: »Auch auf dem Mond gibt es heilige Schwäne, die mit fröhlichem Gesang Tafeln mit den Namen ehrwürdiger Menschen in einen Tempel tragen.«

Die Römer küren den Schwan zum Begleiter der Göttin Aphrodite. Seine erhabene Gestalt wird somit auch zum Symbol für Schönheit, Liebe und Treue. Horaz zufolge sind es purpurne Schwäne, die die Liebesgöttin vor ihren Muschelwagen gespannt hat. Ein prächtiges Bild, wie sie die Göttin, begleitet von säuselnder Flügelmusik, über das Wolkenmeer ziehen. Eros hegt eine große Vorliebe für die Tiere seiner Mutter.

Philostratos beschreibt, wie »in einem klaren Wasserbecken die Liebesgötter auf Schwänen reiten, die sie mit goldenen Zügeln lenken«. Gelegentlich verwandelt sich Eros auch ganz in einen Schwan. Diese anmutigen Bilder finden sich auf Vasen, Münzen und Gemmen, und in Pompeji erzählen Wandmalereien in bunten Farben von seinen Abenteuern.

Höhepunkt des Verwandlungsspiels der Götter ist die Schwanenhochzeit zwischen Zeus und Leda. Im himmlischen Getümmel von Jagen und Sich-Verstecken, von listiger Verstellung und vielerlei Verwandlungen in Tiere und Pflanzen bleibt diese Eroberung beispielhaft. Die Interpretation dieser Episode beschäftigt Künstler bis in die heutige Zeit. Doch damit hat der Schwan seine Unschuld verloren und muß sich sinnliche, wollüstige Darstellungen gefallen lassen.

Die wilden Schwäne der Antike waren die Schwäne unserer Breitengrade: der Höckerschwan und der Singschwan. Und während der Schwanenfreund ihren vielfältigen Bildern nachsinnt und dem Rauschen ihrer göttlichen Flügel lauscht, erreichen ihn an unseren Gewässern prosaische Laute.

Wenn der Höckerschwan, um den es in diesem Buch geht, mit unnachahmlicher Grazie und Geschmeidigkeit auf dem Wasser dahingleitet, stößt er zischende und knurrende Laute aus, die oftmals in Schnarren bis hin zu Schnarchgeräuschen übergehen.

Man hört es: Wir haben den Olymp, die Götter, verlassen und sind auf der ruhigen, glänzenden Wasserfläche eines Parkteiches gelandet. Zwischen sich spiegelnden Wolken und schnatternden Enten nimmt der Schwan seine Rolle in der Neuzeit ein. Man zähmt den wilden Vogel, verwandelt die Natur in Parks und setzt dem majestätischen Vogel ein Krönchen auf. Er wird das Wappentier der Aristokratie. Nur Könige besitzen ihn, dürfen ihn jagen, und auf prächtigen Festgelagen wird er als Delikatesse serviert. Seine weichen Daunen, die gezupften Brustfedern, wärmen Prinzen und Prinzessinen. Aus seinen harten, angespitzten Kielfedern fließt Poesie auf Pergament und Papier. Der Schwan wird zur Zierde der künstlichen Welten des 17. und 18. Jahrhunderts.

Die europäische Mythologie bestimmt den heiteren Göttervogel zum Todesverkünder, der die Stimme erst kurz vor dem Tod zum Abschiedslied erhebt. In der Emblematik wurde er als Totenkläger auf einem Grab gezeigt: »Für sich singt er und für die Welt. Ein selbstbewußter Geist preist seinen eigenen Tod ...« Das letzte Werk eines Künstlers gilt daher als »Schwanenlied« oder »Schwanengesang« – ein Jahrtausende alter Vergleich, der auf Aischylos zurückgeht. Er ließ Klytämnestra über Kassandra sagen, daß sie »nach Art des Schwanes letzte Todesklage zu singen anhob«.

Musik und Tanz widmen sich, wie schon erwähnt, diesem Thema mit Eifer. Auch in der Literatur taucht dieses Bild immer wieder auf. »Es bebt der Schwan in seines Todes Singen«, heißt es bei Brentano, und bei Heine im Buch der Lieder:

Es singt der Schwan im Weiher,
Und rudert auf und ab,
Und immer leise singend,
Taucht er ins Flutengrab

Vor den Augen Friedrich Hölderlins jedoch ziehen die Schwäne in Liebe und Zweisamkeit: »Aber wir, zufrieden gesellt, wie die liebenden Schwäne ...« Wie sie so, mit simultanen Bewegungen, das Wasser schlürfen und dann die Köpfe zärtlich aneinanderlegen, werden sie zum Seelentrost des Dichters. Die Sehnsucht nach dieser verlorenen Harmonie läßt Hölderlin sein berühmtes Gedicht »Hälfte des Lebens« schreiben.

Graf von Loeben, ein heute vergessener Dichter, widmet dem Schwan zu Beginn des 19. Jahrhunderts unter dem Pseudonym Isidorus einen stimmungsvollen lyrischen Hymnus: »In heiteren, reichen Silberwellen beginnt der Schwan das dichterische Daseyn. Um ihn schmiegt sich der kleine Kreis, und jede Welle, der er naht, nimmt freundlich den Kreis auf, in dem sich das leichte, noch schmerzlose Verlangen bald im Schimmer des Lichts, bald unter den überhängenden Frühlingsschatten hinbewegt. Und das helle Gefieder wetteifert in süßer Lust mit der silbrigen Durchsichtigkeit, mit dem schmiegsamen Wellengekräusel, und vermischt sich weißer Blüthe gleich den Rosenschimmern des Morgens auf der Flut.«

Deutsche Gelehrte entdecken die germanische Mythologie, das Nibelungenlied, den Gral und die Sage vom Schwanenritter. Und damit wächst die Sehnsucht nach Ritterburgen, verdunkelten Gemächern und Grotten. Der neugotische Stil entsteht. Zeitgleich tauchen die altdeutschen Sagen wieder auf und mit ihnen die Schwanenjungfrauen, verführerisch schöne Nymphen, die sich in ihr langes, blondes Haar hüllen. Bevor sie in die Fluten steigen, legen sie ihr Schwanenhemd ab.

Die Brüder Grimm heben den Deutschen Märchenschatz. Hans Christian Andersen schreibt das Kunstmärchen *Die wilden Schwäne*, eine seelenvolle Variante der rauhen Volkserzählung. Er läßt *Das häßliche Entlein* zum schönen Schwan werden. Ludwig Bechstein erzählt die Mär vom *Schwan kleb an* und erlöst damit eine Prinzessin.

Zu heftigen Schwanen-Verehrern werden zwei bayerische Könige, Maximilian II. und Ludwig II. Nachdem der Vater das Schloß Hohenschwangau erworben hat, läßt der Sohn das bizarre Schloß Neuschwanstein errichten. Schwäne schwimmen nicht nur auf den königlichen Seen und den Gemälden, sondern dienen auch als Motiv für Tapetenmuster, Schreibzeug, Waschtische und prunkvolle Gondeln.

Den Höhepunkt, die musikalische Untermalung, setzt Richard Wagner mit der Bearbeitung und Vertonung des *Lohengrin*. Der Ritter, der Komponist und der Märchenkönig werden durch den Schwan unsterblich.

Im Symbolismus des fortschreitenden 19. Jahrhunderts schwebt der Schwan zwischen Sünde und süßer Melancholie. Baudelaire, Mallarmé, Rilke und Yeats schenken dem Schwan und Leda neue Bilder. Zwischen Mythos und Geheimnis schwimmt der Schwan. Er ist zeitlos, aber auch für Moden geeignet.

Jahrhundertwende und Jugendstil nehmen seine elegante Silhouette auf: Geschmeidige Hälse zieren Schmuckstücke, Briefpapier und Wandbehänge. Der Vogel wird gegenständlich. Auch die Dichtung nähert sich dem anfaßbaren Schwan. Stefan George besingt den anschmiegsamen Parkvogel:

Und von der Insel moosgekrönter Steine
Verließ der Schwan das Spiel des Wasserfalls
Und legte in die Kinderhand, die feine,
Die schmeichelnde, den schlanken Hals.

Der Schwan bleibt märchenhaft und wird zugleich volkstümlich. Längst schaukelt er auf Wirtshausschildern, ziert Gasthöfe und wirbt für Apotheken. Sollte sich der Mythos Schwan auflösen, seine Exklusivität verlieren? Der Entenvogel wird jetzt genauer, durchaus auch naturwissenschaftlich, betrachtet. Rainer Maria Rilke entdeckt das Animalische des Vogels:

Diese Mühsal, durch noch Ungetanes
schwer und wie gebunden hinzugehen,
gleicht dem ungeschaffnen Gang des Schwanes.

Wenn das Wasser klar genug ist, wird erkennbar, daß unter dem schneeweißen Körper des Tieres ein Fortbewegungsmechanismus existiert. Eigentlich glaubten wir, der Schwan werde von unsichtbaren Kräften gezogen, so schwerelos wirkten seine Bewegungen von ferne. Doch nun sind die schwarzen Füße mit den Schwimmhäuten zu sehen, von denen einer paddelt und der andere als Steuer benutzt wird. Wehe, der Schwan verläßt das heilige Wasser!

Mittlerweile ist der Schwan das Tier des Stadtparks geworden. Die königlichen Burggräben sind ausgetrocknet, die Schloßteiche öffentlich zugänglich. Er wird zum Vogel für die Familie, an kalten Wintertagen bringt man ihm Futter und wärmt ihm den Schnabel. Zu Hause schaukeln zierliche Schwanenpaare aus Zelloluid auf dem Wasser in der Badewanne. Das 20. Jahrhundert, die »schöne neue Welt«, hat uns eingeholt. Wir tauchen den Kopf ins nüchterne Wasser: »Schwäne – das ist stilisiert!« schreibt der Expressionist Gottfried Benn. »Widersinnig, den Schwimmvogelkopf so hoch über den Wasserspiegel zu legen auf einen Hals wie glasgeblasen! Keine Kausalität darin, reines Ausdrucksarrangement.«

Fast möchten wir ihm zustimmen, doch da zieht ein schneeweißes Schwanenpaar an uns vorbei. Sie schwäneln miteinander, zärtlich verschlingen sich ihre Hälse, Schnabelküsse erfüllen die Luft. Treu werden sie einander sein und gemeinsam ein Nest bauen. Und nicht lange, dann sitzen die kleinen Schwanenkinder zwischen den Flügeln der Mutter und lassen sich spazierenfahren.

Da breitet der Schwänerich seine großen Schwingen aus und reckt sich imponierend, mit einigen Flügelschlägen zeigt er seine Spannkraft und Schönheit. Er wird wieder zum göttlichen Bild der Antike.

Vergeßt nicht, zischt er, ihr Parkbesucher mit dem trockenen Brot im Beutel, die ihr uns gezähmt habt: Wir sind die Vögel von Aphrodite und Apollon. Wir haben den Eros über alle Meere ins Land der Liebe getragen, und in uns ruhen die Seelen der Dichter.

SIE KOMMEN LANDEN SCHWANENFLUSS

In leuchtendes Weiß gehüllt, scheinen sie mit singenden Schwingen geradewegs vom Himmel herabzukommen. In schrägem Flug nähern sich die Schwäne ihrer Landebahn auf dem Wasser, halten den Schlag ihrer mächtigen Flügel an, segeln tiefer und tiefer auf die glänzende Fläche zu und schießen nach dem Aufsetzen noch meterweit darüber hin – mit schäumender Bugwelle, die Füße als Bremshilfe vorgestemmt.

Schon tauchte sich auf Bergen und auf Hügeln
Die Dämmerung in ungewissen Duft;
Schon sahen sie den Mond in manchem See sich spiegeln,
Und immer stiller ward's im weiten Reich der Luft,
Die Schwanen ließen itzt mit sinkendem Gefieder
Allmählich sich bis auf die Erde nieder:
Als plötzlich, wie aus Abendrot gewebt,
ein schimmernder Palast vor ihren Augen schwebt.

Aus Christoph Martin Wieland
OBERON

Ich wache ja! O laßt sie walten,
Die unvergleichlichen Gestalten,
Wie sie dorthin mein Auge schickt.
So wunderbar bin ich durchdrungen!
Sind's Träume? Sind's Erinnerungen?
Schon einmal warst du so beglückt.
Gewässer schleichen durch die Frische
Der dichten, sanft bewegten Büsche,
Nicht rauschen sie, sie rieseln kaum;
Von allen Seiten hundert Quellen
Vereinen sich im reinlich hellen,
Zum Bade flach vertieften Raum.
Gesunde, junge Frauenglieder,
Vom feuchten Spiegel doppelt wieder
Ergetztem Auge zugebracht!
Gesellig dann und fröhlich badend,
Erdreistet schwimmend, furchtsam watend;
Geschrei zuletzt und Wasserschlacht.
Begnügen sollt' ich mich an diesen,
Mein Auge sollte hier genießen,
Doch immer weiter strebt mein Sinn.
Der Blick dringt scharf nach jener Hülle,
Das reiche Laub der grünen Fülle
Verbirgt die hohe Königin.
Wundersam! auch Schwäne kommen
Aus den Buchten hergeschwommen,
Majestätisch rein bewegt.
Ruhig schwebend, zart gesellig,
Aber stolz und selbstgefällig,
Wie sich Haupt und Schnabel regt ...
Einer aber scheint vor allen
Brüstend kühn sich zu gefallen,
Segelnd rasch durch alle fort;
Sein Gefieder bläht sich schwellend,
Welle selbst, auf Wogen wellend,
Dringt er zu dem heiligen Ort ...
Die andern schwimmen hin und wider
Mit ruhig glänzendem Gefieder,
Bald auch in regem prächtigen Streit,
Die scheuen Mädchen abzulenken,
Daß sie an ihren Dienst nicht denken,
Nur an die eigne Sicherheit.

KLASSISCHE WALPURGISNACHT
Aus Johann Wolfgang von Goethe
FAUST

Nicht der königliche Adler allein darf das Gekrächz der Raben verachten; auch der Schwan ist stolz und nimmt es nicht wahr. Ihn kümmert nichts, als daß der Glanz seiner weißen Fittiche rein bleibe. Er sinnt nur darauf, sich an den Schoß der Leda zu schmiegen, ohne ihn zu verletzen; alles was sterblich ist an ihm, in Gesänge auszuhauchen.

Aus August Wilhelm von Schlegel
LUCINDE

Vor seinem Käfig einen Schwan ich fand
Der seinen Schwimmfuß übers Pflaster zog
Und seinen weißen Fittich durch den Sand;
Als dann der trockne Bach den Durstigen trog

Wälzt er im Staub sein zuckendes Gefieder
Und sprach erfüllt vom Bild der Heimatseen
»Wann wirst du fallen, Naß? Wann, Blitz, fährst
du hernieder?«
Ich sah den Armen – mythisches Geschehn –

Gen Himmel oft wie bei Ovidius der Verbannte
Gen Himmel dessen Bläue grausam loht
Den Kopf so recken, daß sein Hals sich spannte
Als sende seinen Vorwurf er zu Gott.

Aus Charles Baudelaire
DER SCHWAN

IM LICHT BADEN IN KLAREN FLUTEN

Er stürzt sich in die Fluten,
peitscht das Wasser mit wilden Flügelschlägen
zu gleißendem Schaum, und das
Glitzern der Tropfen reflektiert das
strahlende Weiß seines Gefieders.
Ein ekstatisches Bad in Licht und Glanz –
sinnliches Bild seiner Zugehörigkeit zur Sphäre
der Götter und gekrönten Häupter.

So seh ich Dich dahinwandeln, am Hain vorüber, wo ich heimatlich bin; nicht anders als ein Sperling, vom dichten Laub versteckt, den Schwan einsam rudern sieht auf ruhigen Wassern und sieht heimlich, wie er den Hals beugt, mit reiner Flut sich überspülend, und wie er Kreise zieht, heilige Zeichen seiner Absonderung von dem Unreinen, Ungemessnen, Ungeistigen!

Aus Bettina von Arnim
DIE GÜNDERODE

DAS GEFIEDER SCHWANENWEISS DIE FEDER

In stolzer Pose hebt der Schwan eine Schwinge über sein Haupt, oder er verbirgt den Kopf tief unter den angelegten Flügeln. Was so kühn, so anmutig, so selbstversunken wirkt, hat bei aller Eleganz und Grazie einen praktischen Zweck: Der Königsvogel richtet und pflegt sein Gefieder. Er verteilt ein Sekret aus der Bürzeldrüse in seinem Federkleid und macht es dadurch wasserabweisend. – Mehr als zwei Meter kann die Spanne seiner majestätischen Schwingen erreichen. Ihre Struktur erinnert an die Flügel von Erzengeln, an den Faltenwurf gotischer Statuen. Am Schwanz trägt er bis zu 24 Steuerfedern, die sich im Rundbogen nach außen verkürzen. Dicht und samtig wie ein Pelz umhüllt ihn das übrige Gefieder.

Spiegle dich, du liebe Holde!
Wie der Schwan zum blanken See
Niederschaut im Abendgolde,
Ob er nicht sein Sternbild seh.

Aus Clemens Brentano
Rheinmärchen

Extrem lang, weich gerundet und äußerst biegsam, gehört der Hals neben dem schimmernden Gefieder zu den charakteristischen Merkmalen des Schwans. Und bei allem, was der große Vogel tut und fühlt, spielt er eine zentrale Rolle: Windschnittig wird er beim Fliegen nach vorn gestreckt wie die Nase einer Caravelle. Tief ins Wasser getaucht bei der Nahrungssuche. Beim Kampf schnellt er dem Rivalen entgegen – Waffe und Angriffsfläche zugleich. Hochmütig zum S gebogen, thront er über der geschwellten Brust zwischen den Segeln der Flügel, wenn der Schwan in Imponierhaltung seine Hoheitsgewässer durchzieht. Während der Ruhephasen liegt er verträumt ins Federpolster geschmiegt. Und zärtlich umschlingen sich die Hälse der Paare beim Liebesspiel. Seine Grazie, sein makelloses Weiß ließen den Schwanenhals nicht nur zum Synonym für die Pracht dieses gefiederten Aristokraten werden, sondern von alters her zum Urbild von Schönheit – selbst als Metapher für Helena nicht zu gering.

Natürlich entströmt dem Hals auch der legendäre Schwanengesang, eine herzzerreißend melancholische Weise, die der Vogel in seiner Todesstunde erklingen lassen soll. Dichter und Märchenerzähler brauchen sich nicht an die Wirklichkeit zu halten, und daher macht es auch nichts, daß unser heimischer Höckerschwan nur zischen, fauchen und – im Zorn – trompeten kann. Dafür erzeugen seine Schwingen beim Fliegen ein singendes Geräusch. Der echte Gesang – melodische, glockenartige Töne – bleibt dem Singschwan vorbehalten, der ab und zu als Wintergast in unsere Breiten kommt. Was ihn zum Sänger werden läßt, ist schlicht eine organische Eigenheit: die besondere Formung seiner Luftröhre und Bronchien.

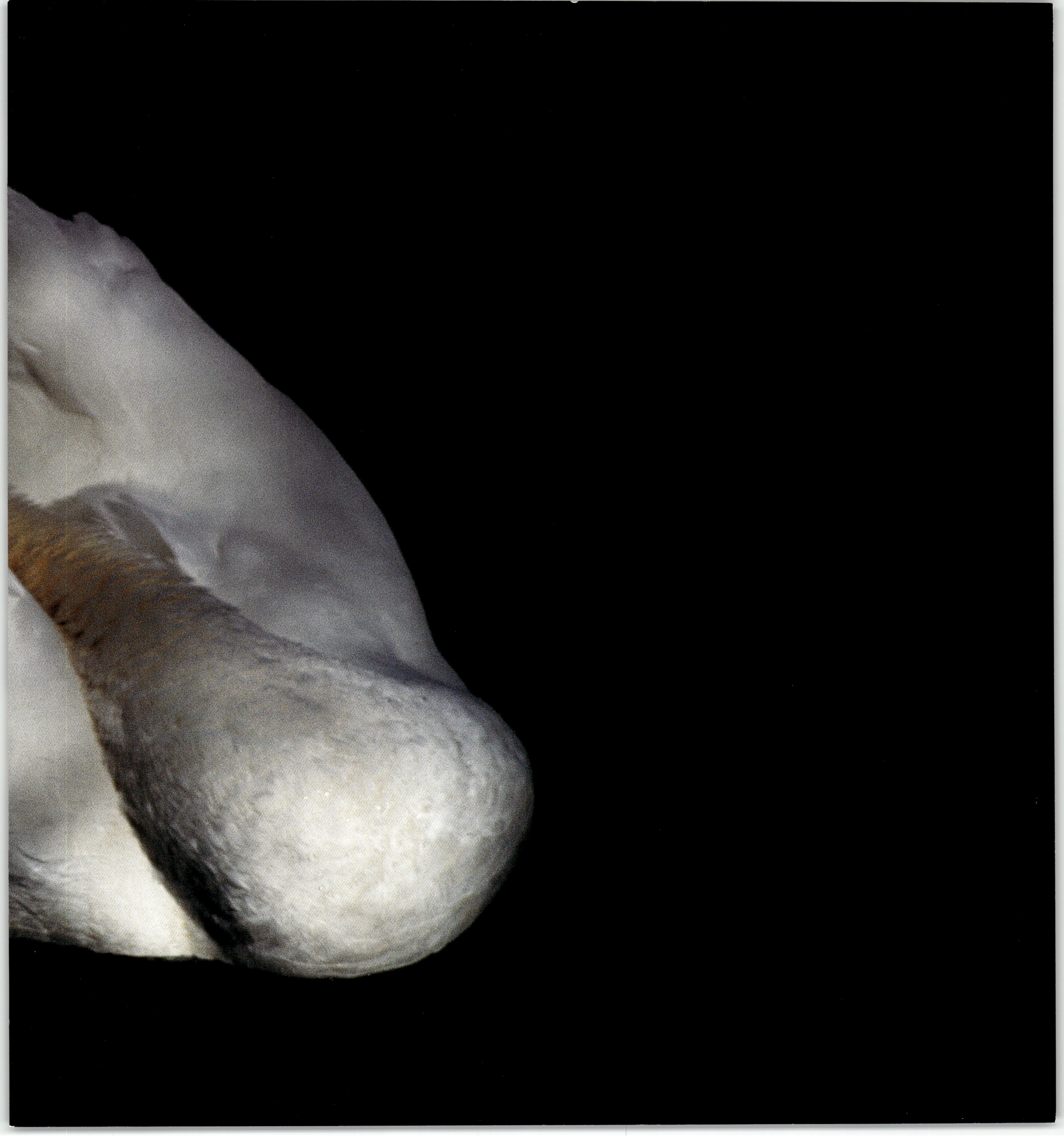

Die Bäume stehn in Herbstesschönheit,
Im Wald ist trocknes Gehn,
Unterm Oktober-Zwielicht spiegeln
Den Himmel stille Seen;
Auf dem geschwollnen Wasser inmitten der Steine
Sind fünfzig und neun Schwäne.

Der neunzehnte Herbst seit meiner ersten Zählung
Ist über mich gezogen;
Ich sah sie, kaum zu Ende, alle
Plötzliche emporgeflogen
Sich streun, rädernd in großen gebrochnen Ringen
Auf ihren lärmenden Schwingen.

Ich schaute den schimmernden Wesen zu,
Nun ist mein Herz verstört.
Alles ist anders, seit ich im Zwielicht
Am Strand zuerst gehört
Wie Glocken über mir den Flügelklang
Und ging mit leichterm Gang.

Sie sind's nicht müd, in Liebespaaren
Rudern sie in kalter
Geselliger Strömung oder steigen auf;
Ihr Herz weiß nichts vom Alter;
Lust und Erobern, Wandern nach Belieben,
Ist ihnen angeblieben.

Nun treiben sie im stillen Wasser,
Geheimnisvoll und schön;
In welchen Binsen werden sie baun,
Am Saum von welchen Seen
Das Auge freun, wenn ich einst erwach' und find'
Daß sie fortgeflogen sind?

William Butler Yeats
DIE WILDEN SCHWÄNE VON COOLE

...UND IST DOCH EINE GANS

So überirdisch die Grazie, mit der er durch das Wasser gleitet, so unendlich die Freiheit, mit der er am Himmel dahinweht, so kreatürlich erscheint der Schwan, wenn er die Erde betritt – unverkennbar eine Gans. Vielleicht ist es gerade dieser Bruch in der Vollkommenheit, der ihn zum Mythos werden ließ, zu einem, an dem sich Traum und Sehnen festmachen können. Viel eher als an makelloser Erhabenheit.

Sobald er aus dem Wasser steigt, läßt es sich nicht verhehlen: Eigentlich ist der Göttliche eine Gans. Eine überdimensionale zwar und eine besonders schöne, aber dennoch... Hilflos wirkt er außerhalb seines Elements, plump und ungelenk mit seinem watschelnden, mühsamen Gang, bedingt durch die weit hinten angesetzten Füße. Ornithologisch gesehen gehört der Schwan tatsächlich zu einer Unterfamilie der Gänsevögel, wissenschaftlich korrekt Cygninae genannt. Und es gibt ihn nicht nur in der Gestalt, die uns bei der Erwähnung seines Namens vor Augen schwebt. Rund um die Erde leben verschiedene Arten. Neben dem Höckerschwan (*Cygnus olor*) in unseren Weihern und Schloßgärten gibt es den Singschwan (*Cygnus cygnus*) im nördlichen Eurasien, den Zwergschwan (*Cygnus columbianus bewickii*) in arktischen Regionen, den Trompeterschwan (*Cygnus buccinator*) zwischen Alaska und den Rocky Mountains, den Schwarzhalsschwan (*Cygnus melanocoryphus*) in Südamerika und den Trauerschwan (*Cygnus atratus*) in Australien.

Charakteristisch für den Schwan unserer Breiten sind der gebogene, außerordentlich lange Hals, das schlohweiße Gefieder und der schwarze Höcker an der Wurzel seines orangeroten Schnabels, dem er seinen Namen verdankt. Neben einer normalen Hausgans nimmt er sich mächtig aus mit seiner Länge von rund eineinhalb Metern und seinem Gewicht von bis zu 14 Kilo, das ihn zu einem der schwersten flugfähigen Vögel macht. Seine Flügel erreichen eine Spannweite von rund zweieinhalb Metern. An den Beinen hat er kräftige Gelenke und zwischen den Zehen dünne Schwimmhäute.

Höckerschwäne brüten am liebsten am flachen Rand von Seen, Weihern oder größeren Wasserflächen, auch am Ufer behäbig dahinströmender Flüsse, auf kleinen Inseln und an Schloß- oder Fischteichen. Sie haben wenig Scheu vor Menschen und versammeln sich vor allem im Winter gern in ihrer Nähe, weil sie hier durch die harte Zeit gefüttert werden. Auf ihren Wanderungen folgen unsere Schwäne keinem genetisch verankerten Plan und nehmen, im Gegensatz zu anderen Zugvögeln, auch nicht immer die gleichen Routen. Sie richten sich nach ihren individuellen Bedürfnissen, nach den Wetterverhältnissen und den Bedingungen für die Nahrungssuche. Manche ziehen Hunderte von Kilometern weit, um einen günstigen Platz zum Überwintern zu finden, andere bleiben im heimatlichen Weiher, wenn sie es dort bequem genug haben. Im Sommer geht es auf eine andere Reise, den sogenannten Mauserzug. Um ihr Gefieder in Ruhe und Sicherheit erneuern zu können, scharen sich die Schwäne an geschützten und futterreichen Stellen zusammen. Ein paar Wochen lang sind sie unfähig zu fliegen und auch kaum in der Lage, sich gegen potentielle Angreifer zu wehren. Vater und Mutter Schwan wechseln deshalb nie gleichzeitig ihr Federkleid, einer von beiden bleibt immer bereit, die Jungen zu verteidigen.

Den prachtvollen Vögeln wird eine geradezu biblische Langlebigkeit angedichtet. Neunzig, hundert, ja sogar dreihundert Jahre alt könnten sie werden, heißt es in überlieferten Legenden. Realistischer sind wohl die rund 30 Jahre, von denen Zoologen heute sprechen – auch das ist schon viel für einen Vogel. Nachdem die Seeadler nahezu ausgestorben sind, droht den Schwänen kaum noch Gefahr durch natürliche Feinde. Weit mehr müssen sie den menschlichen Einfluß auf ihre Umgebung fürchten. Die zwar schnellen und ausdauernden, aber wenig wendigen Flieger werden von Hochspannungsleitungen buchstäblich vom Himmel geschnitten, verenden durch ölverklebtes Gefieder oder gehen an Bleivergiftung ein, weil sie Schrotkugeln und Angelgewichte verschluckt haben. Viele sterben jedoch hochbetagt friedlich an Altersschwäche.

Liegt es am Gansartigen des Schwans oder am prosaischen Drang des Menschen, im Schönen immer auch etwas Nutzbringendes zu entdecken? Jedenfalls wurde der Seelenvogel, das Orakeltier, der Bote von Göttern und Musen von der Antike bis zum Beginn unseres Jahrhunderts nicht nur hoch verehrt, sondern auch zu verschiedensten Zwecken gejagt. Man umzingelte die Schwäne mit Hunden, fing sie mit Netzen ein, überlistete die Wehrlosen während der Mauser. In Nordafrika wurden Angeln aus Kamelgarn verwendet, an deren Ende dicke Köder hingen. Auf der Havel gebrauchte man lange Stöcke mit lassoähnlichen Schlingen, die den Schwänen um den Hals praktiziert wurden, um sie ins Boot zu ziehen, wie Fontane beschreibt. In manchen Regionen, in England etwa oder Dänemark, war das Abschießen von Schwänen lange Zeit ein fürstliches Privileg. Anderswo nahm sich auch das gemeine Volk das Recht, die Flinte auf sie anzulegen – am liebsten beim Abheben der stolzen Vögel, wenn sie, gegen den Wind gestemmt, eine breite Zielfläche boten.

Eine erfolgreiche Jagd versprach beträchtlichen Gewinn: Die weichen Daunen dienten als Kissenfüllung »für große Herren« und zur Herstellung pompöser Federboas. Kräftige Federkiele wurden zu Schreibwerkzeugen zurechtgeschnitten. Das Schmalz ergab »ein wunderbare Artzney« gegen Runzeln, Schwielen und Warzen, und das gegerbte Schwanenfell einen begehrten Fußwärmer. Und natürlich landete der Edle auch als Braten auf dem Tisch, allerdings weniger auf dem gewöhnlicher Menschen, sondern eher auf den Festtafeln der Vornehmen und Gekrönten. Das Fleisch junger Schwäne galt als Delikatesse und wurde in fürstlichen Häusern neben Pfauenzungen und Fasanenbrüstchen als Prunkstück eines opulenten Mahles aufgetragen. Zur römischen Kaiserzeit schreckte man nicht davor zurück, den aristokratischen Vögeln die Augenlider zuzunähen, um sie beim Mästen ruhig zu halten. Für mittelalterliche Gelage wurden sie, gewürzt und gesotten, wieder in ihr Federkleid gebettet und so aufgetischt. Es soll sogar den exzentrischen Brauch gegeben haben, den Schwan mit einer Serie jeweils kleinerer Vögel zu füllen – angefangen etwa bei einem Reiher, dann folgten ein Kormoran, ein Kranich, eine Wildente, ein Perlhuhn, eine Wachtel, in der zuletzt eine gebratene Nachtigall steckte.

Könige sind rar geworden, und selbst die Royals, die auf ihrem Terrain lange das alleinige Vorrecht dazu hatten, werden sich heute kaum noch ein Schwanengericht servieren lassen. Schwäne gelten in unseren Breiten mittlerweile als schützenswerte Vögel und sind als Speise tabu. Rationale Gründe gibt es dafür nicht, denn sie sind weder unbekömmlich noch vom Aussterben bedroht. Warum soll man nicht essen, was gut schmeckt?

Wie es scheint, hat sich eine andere historische Linie durchgesetzt, eine, die genauso alt ist wie die Tradition des Schwanenmahls. Seit der Antike wurden die Weißgefiederten ja nie nur als Braten geschätzt, sondern zugleich immer auch als Abgesandte himmlischer Sphären, die auf ihren Schwingen Geist und Phantasie aus der Erdenschwere entführten. Als Inbegriff von Glanz und Schönheit wurden sie in königlichen Parks und Schloßgräben angesiedelt, mancherorts von eigens bestallten Schwanenaufsehern gehütet, anderswo durch die Zuneigung ihrer Bewunderer geschützt. Selbst wer Leda und Lohengrin nicht kennt, stößt doch fast immer irgendwann in Volksliedern, Märchen und Sagen auf den Zauber der schimmernden Vögel und findet ihn bei jeder neuen Begegnung bestätigt. Dieser einmalige Zauber, der Mythos des Schwans, hat offenbar die menschliche Gier besiegt, sich alles Greifbare einzuverleiben. Wie sollte er da kein Hoffnungsträger sein – dem Gänsedasein weit entschwebt?

GÖTTLICHER ALLTAG

Viel zu vornehm, um wie die gewöhnlichen Teichbewohner nach Nahrung zu tauchen, senkt der Schwan nur seinen langen Hals ins Wasser und holt sich, was er zum Leben braucht – hauptsächlich vegetarische Kost. Am liebsten hält er sich in flachen Gewässern auf, wo er mühelos gründeln kann. Bis zu einer Tiefe von rund einem Meter erreicht er Wasser- und Sumpfpflanzen und sucht im Schlamm nach Leckereien. Fische frißt er höchstens versehentlich oder als Gefangener, der kein anderes Futter bekommt.

Majestätisch ziehen sie dahin. Werfen mit erhobenen Köpfen, umgeben von einer Aura der Unnahbarkeit, hochmütige Blicke in die Runde und neigen sich dann wieder ihrem Abbild im blanken Wasser zu. Ein göttlicher Alltag, voller Muße und Gelassenheit. Nur ein Rivale, der zum Kampf herausfordert, kann diese erhabene Ruhe stören, oder ein Mensch, dessen Brottüte dazu verlockt, Enten und Bleßhühnern möglichst viele der köstlichen Happen wegzuschnappen. Danach kehrt der Gleichmut zurück. Keine Hetze, keine Eile. Ab und zu wird das Gefieder mit erfrischendem Naß bespritzt oder der Hals zum Gründeln ins Wasser getaucht. Manchmal so tief, daß das Hinterteil wie ein schwimmendes weißes Zelt emporragt. Ob Schwäne träumen, wenn sie schläfrig in Teichen und Seen treiben, den geschmeidigen Hals in die Federn gebettet und den Schnabel tief unter die Flügel gesteckt? Ob sie die eigene Vollkommenheit genießen? Sich streckend und schüttelnd erwachen sie zu neuem Leben und übernehmen in einem Schwall diamantener Tropfen wieder die Herrschaft in ihrem Hoheitsgebiet.

Diese Mühsal, durch noch Ungetanes
schwer und wie gebunden hinzugehn,
gleicht dem ungeschaffnen Gang des Schwanes

Und das Sterben, dieses Nichtmehrfassen
jenes Grunds, auf dem wir täglich stehn,
seinem ängstlichen Sich-Niederlassen –:

in die Wasser, die ihn sanft empfangen
und die sich, wie glücklich und vergangen,
unter ihm zurückziehn, Flut um Flut;
während er unendlich still und sicher
immer mündiger und königlicher
und gelassener zu ziehn geruht.

Rainer Maria Rilke
DER SCHWAN

Glockenklänge zogen feierlich
Hin und her, zogen wie Schwäne
An Rosenbändern das gleitende Schiff,
Und zogen es spielend ans grüne Ufer,
Wo Menschen wohnen in hochgetürmter,
Ragender Stadt.

Aus Heinrich Heine
BUCH DER LIEDER

SCHWANENSEE

Dieses Zaubermärchen ist uns durch die Ballettmusik von Peter Iljitsch Tschaikowsky bekannt. Ein klassisches Stück, das große Choreographen und Tänzer zu immer neuen Interpretationen inspiriert. Es führt uns wieder in die Welt der Mythen, zu Gewässern, Schilf und Nymphengeplätscher. *Schwanensee* basiert auf der Sage der Schwanenjungfrau, ähnlich wie beim Tierbräutigam geht es um Verwandlung und Erlösung.

Die Handlung des Balletts ist schnell erzählt: Ein Prinz, jung und schön, wird in die Welt geschickt. Dort begegnet er zwei Frauen, deren Charakter durch die Farben Weiß und Schwarz symbolisiert wird: Odile, der Schwanenkönigin mit der reinen Seele, und Odette, der Tochter des bösen, dunklen Zauberers. Er verliebt sich in die weiße Jungfrau, als sie ihr Schwanenkleid ablegt, und raubt es ihr. Als er ihr Geheimnis erfährt, möchte er sie erlösen. Da taucht Odette auf, die Odile täuschend ähnlich sieht, begehrenswert auch, weil sie keine Verzauberte ist. Der Prinz kann ihren Verführungskünsten nicht widerstehen. Die Schwanenfrau erfährt von seiner Untreue und verliert die Hoffnung auf Erlösung. Sie schwimmt in ihrer Tiergestalt entsagend auf den See hinaus. Da kommt der reuige Prinz, möchte sie retten, folgt ihr in die Fluten, und das erboste Wasser verschlingt sie beide.

Der Mythos der Schwanenjungfrauen hat seinen Ursprung unter anderem im Keltischen. Da sie ihrer menschlichen Gestalt beraubt sind, kann nur uneingeschränkte Liebe die Verzauberung lösen. Um eine Chance zum Verführen zu haben, erhalten die Tiere zeitweise, oft in den Nachtstunden, ihre ursprüngliche Gestalt zurück. Anders als die Sirenen spielen die Nymphen mit dem Element des Wassers, um auf sich aufmerksam zu machen. Eine der schönsten Beschreibungen davon findet sich in Goethes *Walpurgisnacht*.

Nach der mißglückten Uraufführung 1877 in Moskau wurde das Ballett 1885 in der überarbeiteten Fassung von Petipa und Iwanow in St. Petersburg schlagartig berühmt. Die Doppelrolle der Odette-Odile und der Part des Prinzen Siegfried waren und sind noch immer Traumrollen: Dame Margot Fonteyn und Rudolf Nurejew waren darin ein Traumpaar.

Unvergessen ist auch Anna Pawlowa, die eine Generation vor Nurejew die Ballettschule in St. Petersburg besuchte. In ihren Erinnerungen, die in den zwanziger Jahren in Dresden erschienen, berichtete sie, sie habe den Schwanentanz durch intensives Beobachten der Schwäne in den öffentlichen Parkanlagen von St. Petersburg erlernt. Die Krönung ihrer Leidenschaft wurde der »Sterbende Schwan«, den Michel Fokin 1905 für sie choreographierte; Leon Bakst entwarf das poetische Kostüm, die Musik war Saint-Saëns' *Karneval der Tiere* entnommen. Es gibt zahlreiche Fotos der tanzenden Primaballerina. Sie ist in zarten Federflaum gehüllt, Flügelschwingen wippen auf dem Tüllkleid, sie schlingt die Arme, neigt den Kopf – sie verwandelt sich in einen Schwan. Von ihren Welttourneen kehrt sie immer wieder in ihr prachtvolles Haus in London zurück, das von einem herrlichen Park umgeben ist. Auf dem See schwimmen ihre Schwäne – unerlöst.

LOHENGRIN

Zwei fast gleichaltrige Männer stehen in Betrachtung eines gotischen Bauwerks vertieft. Sie haben sich eben, im Jahr 1770, in Straßburg kennengelernt. Der eine, Johann Wolfgang von Goethe, studiert hier Jura, der andere, Johann Gottfried von Herder, Philosoph, befindet sich auf einer Reise durch Europa. Aus dieser Begegnung wird eine bedeutsame Verbindung entstehen.

Herder vertritt schon in seinen frühen Schriften die Ansicht, daß Deutschland sich auf eine eigenständige Nationalliteratur besinnen sollte. Die englische und französische Vorherrschaft müsse zurückgedrängt werden. Zu diesem Thema gibt er eine Sammlung programmatischer Schriften »Von deutscher Art und Kunst« heraus, in denen die Rückbesinnung auf das deutsche Mittelalter, die Volksdichtung, Märchen und Sagen gefordert wird. In dieser Schriftenreihe erscheint auch Goethes Aufsatz »Von deutscher Baukunst«. Er beschreibt die Bedeutung und die Schönheit des Straßburger Münsters, rückt damit die Gotik in ein neues Licht und öffnet den Zeitgenossen die Augen. Die Neogotik in Deutschland kann beginnen.

Goethe und Herder werden Wegbereiter eines neuen Bewußtseins, einer Strömung, die sich in der Romantik vollendet.

Weimar, der kleine Musenhof des Herzogs Karl August, wird zum Schauplatz ihres Gedankenaustauschs. Noch ist weit und breit kein Schwan zu sehen, aber die Vorbereitungen werden schon getroffen. Herder denkt sich die deutsche Oper als ein zusammenhängendes lyrisches Gebäude, in dem Poesie, Musik, Aktion, Dekoration eins werden –

ein Konzept, für das Richard Wagner 1849 den Begriff »Gesamtkunstwerk« prägt. Gleichzeitig weist Herder auf die mittelalterlichen Texte, Sagen und Märchen als Quellen für neue, zukünftige Opern hin.

Deutsche Dichter und Gelehrte beschäftigen sich mit vergessenen Texten der eigenen Kultur, entdecken aber auch Shakespeare und die Antike. Neue Bearbeitungen und Übersetzungen werden verlegt. Wagner greift diese Stimmung auf und nutzt soeben Erschienenes. Er bearbeitet das Versepos *Parcival* und die Sage vom Schwanenritter und macht daraus den deutschen »Lohengrin«.

Am 28. August 1850 findet anläßlich einer Gedenkfeier für den 1803 gestorbenen Herder die Erstaufführung von Richard Wagners romantischer Oper *Lohengrin* statt. Am Pult steht Franz Liszt, Hofkapellmeister und ein großer Verehrer Wagners. Der Komponist mußte aus politischen und pekuniären Gründen in die Schweiz fliehen.

Die Sagen von Parzival und vom Schwanenritter dienten als Grundlage für die Opernfassung. Parzival ist eine mystische Rittergestalt und entstammt dem keltischen Sagenkreis um König Artus. Chrétien de Troyes überliefert um 1180 den *Perceval le Gallois*. Der Franke Wolfram von Eschenbach greift den Stoff des unvollendeten Versromans im 12. Jahrhundert auf, reichert ihn an und gestaltet daraus seinen höfischen Ritterroman.

Die Sage vom Schwanenritter wurde erstmals zu Beginn des 13. Jahrhunderts im Rahmen eines Liedzyklus niedergeschrieben. *Le Chevalier au Cygne* erscheint in einem von einem Schwan gezogenen Nachen auf dem Rhein. Er verteidigt die Ehre der Gräfin von Bouillon, zur Belohnung erhält er ihre Tochter zur Frau. An die Eheschließung ist die Bedingung geknüpft, daß die Braut nicht nach dem Namen ihres Gatten fragt. Doch ihre Neugier ist größer als die Angst, ihn zu verlieren. Sie stellt die verbotene Frage, und der Ritter muß Frau und Land verlassen. Der Schwan erscheint mit dem Kahn und holt ihn zurück.

Die deutsche Fassung des *Schwanritters*, von Konrad Würzburg um 1260-70 geschrieben, blieb fragmentarisch. Er verlegte die Sage nach Nimwegen und in die Zeit Karls des Großen.

Im *Lohengrin* verschmilzt Wagner die unterschiedlichen Textvorlagen zu einer neuen und bis heute erfolgreichen Fassung der Schwanenrittersage. Die Oper gehört zum klassischen Repertoire der großen Opernhäuser der Welt und erlebte, nicht nur in Bayreuth, Interpretationen bedeutender Regisseure. Der Part des Ritters wird auch heute noch von den berühmtesten Heldentenören gesungen. Unvergeßlich sind die Ankunft von Lohengrin in dem vom Schwan gezogenen Nachen und sein Abschiedslied »Nun sei bedankt, mein lieber Schwan«. Das Schweigegebot »Nie sollst du mich befragen« und das Brautlied »Treulich geführet ziehet dahin« sind zu populären Musikstücken geworden, zu klassischen Hits.

Neben der politischen Handlung ist der *Lohengrin* eine Märchenvariante des Tierbräutigams. Der Glücksbringer für die Braut ist ein Überirdischer, ein Gralsritter oder eben ein Schwan. Glück und Erlösung bedingen sich gegenseitig. Die Liebe muß über alle Zweifel erhaben sein. Die verbotene Frage nach der Herkunft ist der Prüfstein. Auch andere Märchen wie *Amor und Psyche*, *Der Froschkönig* oder *Dornröschen* sind ähnlich aufgebaut. Erlösung und Glück können nur von außen kommen. Auch Lohengrin wird wieder zum Schwan, weil man ihm das Vertrauen versagt hat. Die Neugier der Braut kommt einem Verrat gleich. Der Überirdische, der sich ins Leben gewagt hat und Glücksbringer sein will, wird von der Welt wieder zurückgeschickt.

Wagner verwirklicht im *Lohengrin* schon einen Teil der Herderschen Vision eines neuen Musikdramas. Der Übergang von der traditionellen Nummernabfolge zu einem durchkomponierten Ganzen wird hier bereits sichtbar.

Wagner wünscht sich dieses Ganze als einen Reigen der Musen: »Tanzkunst, Tonkunst und Dichtkunst heißen die drei urgeborenen Schwestern, die wir sogleich da ihren Reigen schlingen sehen, wo die Bedingungen für die Erscheinung der Kunst überhaupt entstanden waren. Sie sind ihrem Wesen nach untrennbar ohne Auflösung des Reigens der Kunst; denn in diesem Reigen, der die Bewegung der Kunst selbst ist, sind sie durch schönste Neigung und Liebe sinnlich und geistig so wundervoll fest und lebensbedingend ineinander verschlungen ...«

Um diese Einheit zu verwirklichen, schreibt der Komponist selbst die Libretti, bestimmt Kostüme und Bühnenbild bis ins Detail. Dieser Wille, das Gesamtkunstwerk zu schaffen, wird Wagner über die Oper hinaus zu einem eigenen Walhall in Bayreuth führen.

Die Wirkung seiner Werke ist, besonders in Frankreich, groß. Der Opium- und Operngenießer Baudelaire, einer seiner frühen Bewunderer, vergleicht den Hochzeitsmarsch im *Lohengrin* mit »jenen Erregungsmitteln, die den Puls der Imagination beschleunigen« und ihn Farben sehen lassen.

Die deutschen Bewunderer Wagners lassen nicht lange auf sich warten. Sie kommen aus der königlichen Loge. 1858 findet in Anwesenheit von Maximilian II. die Erstaufführung des *Lohengrin* in München statt. Der König ist so begeistert, daß er vier von sechs Aufführungen besucht. Der sechzehnjährige Kronprinz Ludwig darf 1861 erstmals die Oper besuchen. Da wird Lohengrin, dessen Sage er schon von den Wandmalereien des väterlichen Schlosses in Hohenschwangau kennt, endlich lebendig. Dieses Erlebnis sollte prägend für sein weiteres Leben werden. Die Musik, die Figur des Ritters, der Schwan – sie hatten den Prinzen verzaubert. Oder war der Prinz selbst ein verzauberter Schwan?

Der Prinz, zum König geworden, wird Richard Wagners Mäzen. Voll glühender Bewunderung, die sich in leidenschaftlichen Briefen äußert, und durch finanzielle Unterstützung schenkt der König dem Komponisten ein Reich voller Möglichkeiten. Für sich selbst schafft er ein Reich besonderer Art, bestehend aus großen und kleinen Schlössern, Rückzugsorten, die aufwendig ausgestattet und bis ins Detail inszeniert werden.

Die Kulisse seiner Träume ist die bayerische Voralpenlandschaft. Dort läßt er oberhalb des väterlichen Schlosses Hohenschwangau eine Burgruine wiederherstellen. Der König möchte der neue Schwanenritter sein, mit Neuschwanstein erfüllt er sich seine Sehnsucht. An Wagner schreibt der König:

»Ich habe die Absicht, die alte Burgruine Hohenschwangau bei der Pöllatschlucht neu aufbauen zu lassen im echten Stil der alten deutschen Ritterburgen, und muß Ihnen gestehen, daß ich mich sehr darauf freue, dort einst (in drei Jahren) zu hausen; mehrere Gastzimmer, von wo man eine herrliche Aussicht genießt auf den hehren Säuling, die Gebirge Tirols und weithin in die Ebene, sollen wohnlich und anheimelnd dort eingerichtet werden; Sie kennen Ihn, den angebeteten Gast, den ich dort beherbergen möchte; der Punkt ist einer der schönsten, die zu finden sind, heilig und unnahbar, ein würdiger Tempel für den göttlichen Freund, durch den einzig Heil und wahrer Segen der Welt erblühte. Auch Reminiscenzen aus *Tannhäuser*, aus *Lohengrin* werden Sie dort finden.«

Neogotisches Getürm, märchenhafte Gemächer, getäfelte Stuben und Bilder aus Lohengrins Leben lassen eine neue Zauberwelt erstehen. Die Umgebung, die Natur ringsum, ist, als wäre sie eigens für die Wünsche des Königs angelegt worden: Berge, Wälder, Seen fügen sich in sein Idealbild. Der Alpsee dient als nächtliches Bühnenbild für die Ankunft Lohengrins. Neuzeitlich in der romantischen Szene sind allerdings modernste elektrische Beleuchtungseffekte für Kahn und Schwan. Eine Vorwegnahme zeitgenössischer Inszenierungen, in denen der Schwan als Laserstrahl abstrahiert wird.

Die Einrichtung des Schlosses weist, von den Kandelabern bis zum Tintenzeug, allerlei Schwanendetails auf. Ein Höhepunkt soll die Grotte werden, die jedoch aus Platzgründen nach Schloß Linderhof verlegt wird. Dort sieht man den einsamen König im Muschelkahn; farbig illuminiert die Schwäne seiner Teiche, huldvoll füttert er sie.

Der König arbeitete ebenso zielstrebig wie der Komponist an seinem Gesamtkunstwerk. Ihn verläßt die Kraft früher. Er, der ein Lohengrin sein wollte – ein Ritter, ein Überwinder, einer, der erlöst sein wollte –, stirbt im Zweikampf mit seinem Arzt – unter Wasser, als Schwan.

HIGH NOON SCHWANENRITTER

Wenn zwei Schwäne aufeinander losgehen, ist das fast immer eine Sache auf Leben und Tod. Im wilden Wirbel von schlagenden Schwingen und spritzendem Wasser umkreisen sie sich fauchend, reißen den Gegner mit gefährlich scharfem Schnabel am Gefieder, schnappen nach seinem Hals und versuchen, ihn mit den Flügeln unterzutauchen und zu ertränken. Der Sieg allein genügt noch nicht zur Besänftigung; auch das Weibchen des Unterlegenen wird erbarmungslos aus dem Revier vertrieben.

Aggressiv sei er, heißt es, herrschsüchtig, sogar bösartig. In Wirklichkeit verhält sich der Schwan nicht anders als die meisten Lebewesen: Er verteidigt sein Revier – wenn es sein muß, mit Gewalt. Kampflustig sind nur die Männchen, und das hauptsächlich kurz vor und während der Brutzeit. Scharf wacht jeder darüber, daß kein Rivale dem Nistplatz zu nahe kommt und kein Feind dem Nachwuchs Schaden zufügt. Eindrucksvoll plustert sich der Schwanenmann auf und kreuzt mit Imponiergehabe durch »sein« Gewässer, damit mögliche Eindringlinge schon von weitem erkennen, mit wem sie es zu tun bekommen. Und wehe, es wagt dennoch einer! Dem geht es unerbittlich ans Gefieder. Allerdings veranlassen die enger werdenden Lebensräume viele Vögel, ihre Besitzansprüche zurückzuschrauben. Lieber rücken sie näher zusammen und verzeihen fast unvermeidliche Grenzverletzungen, als ständig in tödliche Fehden zu geraten. Außerhalb der kritischen Brutphasen ist der Schwan ein eher friedlicher, geselliger Vogel, der sich samt Anhang häufig mit mehreren Familien derselben Art zu größeren Pulks zusammentut. Seine Abwehrhaltung richtet sich dann nur gegen andere Schwimmvögel und gegen Schwäne aus fremden Clans. Diese werden auch in weniger gefahrvollen Zeiten nicht im trauten Kreis geduldet.

Daß Enten, Bleßhühner und sonstige Teichverwandte unter dem Herrschergebaren des Schwans zu leiden hätten, ist nichts als ein böses Gerücht. Sie machen ihm zwar respektvoll die Bahn frei, schnappen sich aber hinten herum, flink und immer in der Überzahl, was sie an Nahrung brauchen. Ein trickreicher Kampf der vielen Kleinen gegen den einen Mächtigen, der längst nicht immer zu dessen Gunsten ausgeht.

Selbst im tödlichen Kampf gibt es Momente voller Stolz und Anmut. Wie zwei Fechter treten die Schwäne gegeneinander an.

…Ihr aber, ihr!
Schönhalsige
Ruderer durch die abendlichen Wellen!
Wo seid ihr?
Seid ihr schon ferne?
Oder seid ihr am Ufer hin
Unter den Hängeweiden eingeschlafen,
Daß ich eure Stimmen nicht vernehme?

Rudolf Alexander Schröder
SCHWÄNE

LEDA UND DER SCHWAN

Ein jäher Stoß; noch schlägt das Schwingenpaar
Über der Taumelnden; gekost die Knie
Von schwarz gespannter Haut, ihr Nackenhaar
In seinem Schnabelmund, ist hilflos sie.

Wie könnten die erschrocknen Finger schieben
Die Fiederpracht vom nachgebenden Schoß?
Wie hätte nicht in diesem weißen Stieben
Das Herz gefühlt den fremden Herzschlag bloß?

Ein Schüttern in den Lenden darin weckt
Den Brand des Dachs, den Sturz von Turm und Tor
Und Agamemnons Tod. – So hingestreckt,

So unters wilde Blut der Luft gepreßt,
Ward mit der Macht sein Wissen ihr, bevor
Fühlloser Schnabelmund sie fallen läßt.

William Butler Yeats
Leda und der Schwan

Nicht zufällig stehen am Anfang und Schluß dieses Textes zwei Gedichte. Sie rahmen ein Thema ein, das heute mehr als sinnliches Ereignis bekannt ist als wegen seiner mythologischen Bedeutung.

Die griechische Mythologie bietet zudem eine verwirrende Fülle von Varianten an, nicht aber eine eindeutige Geschichte. Am zweifelhaftesten ist die Figur der Leda selbst: Statt Leda könnte es sich auch um die Göttin Nemesis gehandelt haben. Später wird noch Aphrodite dazugemischt. Deshalb möchten wir aus vielen Varianten die wunderbare Lösung wählen: »Die große Göttin hieß in ihrer Nymphengestalt auch Leda.«

Nemesis ist die Göttin der Gerechtigkeit und der Vergeltung. Albrecht Dürer zeigt sie uns in seinem Kupferstich »Nemesis – das große Glück«. In dieser Darstellung fliegt sie, mit großen Vogelflügeln ausgestattet, über eine liebliche Landschaft dahin.

Zuerst war sie selbst eine Jägerin aus Liebe. Ihre Opfer versuchten ihr durch geschickte Verwandlungen zu entgehen. Doch ein Entrinnen gab es nicht. Sie wurden am Ende von ihr verschlungen. »Mit dem Sieg des patriarchalischen Systems verlief die Jagd umgekehrt«: Nemesis, das heißt Leda, wird nun von Zeus verfolgt.

Unklar war jedoch nicht, wer sich in der Gestalt des Schwanes verbarg: Zeus, der Himmelsgott, oberster Herrscher auf dem Olymp. Die Ehe mit seiner Schwester Hera hindert den Nimmersatten nicht, immer neuen Liebesabenteuern nachzujagen. Da die Verfolgten nicht immer willig sind, ihm zu entfliehen versuchen, indem auch sie sich verwandeln, nimmt der Gott vielerlei Gestalt an. Er ist darin geübt, in verschiedene Rollen zu schlüpfen.

Anders gestaltet sich das Abenteuer mit Leda. Man sieht sie an einem Gestade, fast in Erwartung dessen, was geschehen wird. Flüchten sieht man sie nicht.

Die erste Version des Mythos hat uns Euripides überliefert: »Der in Liebe zu Leda entbrannte Zeus verwandelt sich in einen Schwan und sucht, von einem Adler verfolgt, Zuflucht in Ledas Schoß und hat sich mit ihr in Liebe verbunden.«

Schwanenkenner wissen, daß der Adler dem Schwan in der Luft wirklich gefährlich werden kann. War der Gott in Not, oder war der Adler nur ein Trick des begierigen Zeus? Hat sich der Gott den heiligen Vogel gewählt, weil er in dieser Gestalt, furchterregend schön, auf die Ersehnte herabstürzen konnte? Wußte er, daß sie sich durch die Weichheit seines Federflaumes, die Kraft seiner Schwingen, die Zärtlichkeit seines Bisses verführen lassen würde?

Die Frucht der Vermählung wird, da Leda noch klug das Nachtlager mit ihrem Gemahl Tyndareos teilt, gedoppelt. Der Legende nach werden aus zwei Eiern je zwei Kindern geboren. Kastor und Polydeukes, Klytämnestra und Helena werden sie genannt. Bezüglich der Vaterschaft herrscht die gewünschte göttliche Verwirrung.

Was während der »Zuflucht« geschah, wird in der Antike knapp beschrieben, wurde jedoch zu einem beliebten Motiv in der darstellenden Kunst: ein erotisches Thema, wobei die Vereinigung, in den antiken Darstellungen durch Ledas herabgleitende Tücher oder ihren Arm verhüllt, verborgen bleibt.

Die Varianten von Entsetzen und Abwehr bis zu Bereitwilligkeit und Verzückung der Nymphe sind in Kunst und Dichtung verewigt. Die moralische Auffassung im Umgang mit dem Stoff jedoch wandelt sich mit der Zeit – von einer religiösen zu einer erotisch-pikanten Variante.

Um Überraschung, Furcht und Freude sinnlich zu erleben, begeben wir uns auf eine imaginäre Reise in die Museen der Welt. Unser Führer ist das *Lexikon für griechische und römische Mythologie* von 1887. Die Schwingen der Schwäne tragen uns schwerelos zu den verstreuten Orten, den Altären einer anderen Zeit. Es erwarten uns, in kühlen Marmorsälen, die schönsten Darstellungen, in Stein gemeißelte Statuen und Reliefs. Schwere goldene Rahmen zieren die Bilder, fassen die Gemälde.

Der erste Besuch gilt einer der frühesten Darstellungen, einer Statue aus der Zeit um 400 vor Christus. Sie wird dem griechischen Bildhauer Timotheos zugeschrieben. Wir befinden uns in den Kapitolinischen Museen in Rom:

»Der Schwan hat sich vor dem verfolgenden (jedoch nicht dargestellten) Adler in Ledas Schoß geflüchtet. Leda ist von ihrem Felsensitze aufgesprungen, den linken Fuß hat sie auf einen niedrigen Schemel gesetzt. Den Schwan drückt sie mit der gesenkten rechten Hand an sich, während sie mit der linken Hand einen Zipfel des Peplos schirmend dem Verfolger entgegenhält. Unter dem Peplos trägt sie einen feinen dorischen Chiton, dessen Spange auf der rechten Schulter sich gelöst hat, so daß die Brust auf dieser Seite völlig entblößt ist. Der Ausdruck der Angst in dem nach oben gekehrten Blicke ist sehr maßvoll; ein leiser Anflug von Sinnlichkeit ist nicht zu verkennen.«

Danach fliegen wir noch etwas weiter nach Süden. Die Bucht von Neapel lädt uns ein, die aufregenden pompejanischen Wandgemälde zu betrachten.

Auf dem Rückweg besuchen wir in Florenz die Uffizien: »Auf einer Darstellung dieses Mythus, einem Statuettenfragment, sind Exoten und Delphine auf dem Felsen angebracht, auf welchem Leda sitzt und den ihr entgegenschnäbelnden Schwan streichelt.«

Schon steuern wir mit heftigen Flügelschlägen in Richtung Berlin. Dort erwarten uns zwei sehr unterschiedliche Leda-Darstellungen. Wir betrachten zuerst eine Terrakottastatuette: »Leda ist nur mit dem Peplos bekleidet, welcher den Oberkörper frei läßt. Der rechte Arm hebt einen Peploszipfel gegen den Adler. Unter dem linken Arme, vom Gewande meist verhüllt, hält sie den sehr kleinen, gansähnlichen Schwan.«

Das liebliche Gemälde von Correggio hängt in der Gemäldegalerie. In ihm hat, wie es in unserem Führer heißt, die Leda-Sage wohl »die schönste Versinnlichung … gefunden, was man schon an dem wechselvollen Schicksale dieses Bildes erkennen kann. Für Herzog Federigo II. Gonzaga von Mantua gemalt, kam es als Geschenk dieses

Fürsten zunächst an Kaiser Karl V. Im Jahr 1603 kaufte es Rudolf II., im 30jährigen Krieg wurde es von Schweden geraubt und kam 1722 an den Herzog Philipp von Orléans; dessen Sohn ließ die Köpfe herausschneiden, weil sie seiner Sinnlichkeit gefährlich zu werden schienen, und Charles Antoine Coypel (1694-1752) versah es mit neuen. Zu diesem Zeitpunkt kaufte Friedrich der Große das Kunstwerk für sein Schloß Sanssouci.«

Fast hätten wir vergessen, in London Station zu machen. Dort ist in der Nationalgalerie ein viel bekannteres Leda-Relief zu bewundern: »Der Schwan ist weniger edel aufgefaßt. An Mächtigkeit und Schönheit der Formen steht er zwar den Denkmälern der vorigen Klasse gleich; aber seine Leidenschaft äußert sich tierischer, indem er Leda vor Brunst in den Nacken beißt. Das Aufsetzen der Füße und das Umarmen mit einem Flügel und die Stellung Ledas ist anderen Darstellungen ähnlich. Nur den Kopf muß sie ziemlich tief senken und dadurch den Rücken auch etwas krümmen. Der erste Arm sucht auch hier den herabgeglittenen Peplos hinauszuziehen; den rechten Arm sieht man nicht. Vielleicht erwidert er die Umarmung des Schwanes, denn hier gibt sich Leda schon völlig dem Gotte hin. Einen besonderen Reiz erhielt diese Komposition durch die wunderbare Biegung des Schwanenhalses.«

Hier verabschieden wir uns von unserem altmodischen Führer und fliegen ins 20. Jahrhundert. Kurz vor der spanischen Küste rauschen, singen unsere Flügel. Wir nähern uns der surrealistischen Welt Salvador Dalís. Er, der Magier unter den Malern, behauptete, Schwäne erinnerten ihn an nichts mehr als an Engel. Gespannt setzen wir über Figueras zur Landung an. Es erwartet uns die Fundación Gala-Salvador Dalí mit dem Gemälde der »Leda atomica« von 1949, das Gala mit einem heranfliegenden Schwan zeigt. Wie der Schwan für Dalí den Engel symbolisiert, so setzt er die Figur der Leda einer Madonna gleich.

Mit dieser religiösen Interpretation von Leda und dem Schwan schließt sich der Kreis zu den antiken Darstellungen.

Diese Reise ließe sich unendlich fortsetzen. Neugierig Gewordenen entdecken sich die Bilder und Texte über die Schwanenhochzeit von selbst. Bücher, Nachschlagewerke und Bildergalerien sind angefüllt mit Wegweisern.

Der Schwan als Mythos ist weiß – unstillbar ist seine Begierde. Leda und Zeus haben ihm für einen Augenblick die Erfüllung geschenkt.

Als ihn der Gott in seiner Not betrat,
erschrak er fast, den Schwan so schön zu finden;
er ließ sich ganz verwirrt in ihm verschwinden.
Schon aber trug ihn sein Betrug zur Tat,

bevor er noch des unerprobten Seins
Gefühle prüfte. Und die Aufgetane
erkannte schon den Kommenden im Schwane
und wußte schon: er bat um Eins,

das sie, verwirrt in ihrem Widerstand,
nicht mehr verbergen konnte. Er kam nieder
und halsend durch die immer schwächre Hand

ließ sich der Gott in die Geliebte los.
Dann erst empfand er glücklich sein Gefieder
und wurde wirklich Schwan in ihrem Schoß.

Rainer Maria Rilke
Leda

GÖTTLICHES PAAR

Wie zwei Schwäne einander umkreisen und umtanzen, wie sie schnäbeln und turteln, verrät auf den ersten Blick ihre Zusammengehörigkeit. Als wollten sie das zerstörerische Bild der Paradiesschlange vergessen machen, so sehr drücken gerade die schlangenartigen Hälse der Schwanenpaare ihre Liebe und Verbundenheit aus. In vollkommener Harmonie neigen sie sich einander zu, umwinden und umschlingen sich mit zärtlicher Hingabe.

Aber wir, zufrieden gesellt, wie die liebenden Schwäne,
  Wenn sie ruhen am See, oder, auf Wellen gewiegt,
Niedersehn in die Wasser, wo silberne Wolken sich spiegeln,
  Und ätherisches Blau unter den Schiffenden wallt,
So auf Erden wandelten wir. Und drohte der Nord auch,
  Er, der Liebenden Feind, klagenbereitend, und fiel
Von den Ästen das Laub, und flog im Winde der Regen,
  Ruhig lächelten wir, fühlten den eigenen Gott
Unter trautem Gespräch; in einem Seelengesange,
  Ganz in Frieden mit uns kindlich und freudig allein.
Aber das Haus ist öde mir nun, und sie haben mein Auge
  Mir genommen, auch mich hab' ich verloren mit ihr.

Aus Friedrich Hölderlin
Menons Klagen um Diotima

Die Schwäne! Stundenlang konnte ich sie betrachten, diese holden Geschöpfe mit ihren sanften langen Hälsen, wie sie sich üppig auf den weichen Fluten wiegten, wie sie zuweilen selig untertauchten und wieder auftauchten und übermütig plätscherten, bis der Himmel dunkelte und die goldnen Sterne hervortraten, verlangend, verheißend, wunderbar zärtlich, verklärt.

Aus Heinrich Heine
Aus den Memoiren des Herren von Schnabelewopski

Verliebte Schwäne folgen einem ganz bestimmten Muster an Posen und Verhaltensweisen, wenn sie einander umwerben. Sie haben ein regelrechtes Balzritual. Meist beginnt es mit einer zärtlichen Annäherung der Köpfe und Schnäbel, wobei sich das Gefieder ihrer Hälse sträubt – wie elektrisiert von der erotischen Spannung. Leise Locktöne begleiten diesen ersten Flirt. Seite an Seite schwimmend, tauchen sie abwechselnd die Schnäbel ins Wasser, bespritzen sich auch gegenseitig. Dann wieder stehen sie einander gegenüber, recken sich aus dem Wasser und schwenken gemeinsam die Köpfe an den hoch aufgerichteten Hälsen, oder sie senken die Schnäbel und scheinen zu nicken. Hin und wieder unterbricht einer das Liebesspiel und reizt den anderen durch vorgetäuschtes Desinteresse: Er tut so, als müsse er gerade jetzt sein Federkleid putzen. Schließlich drückt sich das Weibchen mit langgedehntem Hals tief ins Wasser, das Männchen steigt auf und hält sich dabei mit dem Schnabel am Halsgefieder seiner Partnerin fest. Nur wenige Sekunden dauert die Paarung. Wie im Triumph der Liebe richten sich danach beide Brust an Brust hoch im Wasser auf und strecken die Schnäbel gen Himmel. Bevor Schwan und Schwänin wieder zur Tagesordnung übergehen, gibt es noch ein ausführliches Bad und sorgfältiges Richten des Gefieders.

Wovon die meisten Menschen nur träumen können – die Schwäne machen es wahr. Haben sie sich einmal zusammengetan, bleiben sie bis an ihr Lebensende in unverbrüchlicher Treue beieinander. Oft eine lange Zeit, denn Schwäne heiraten sehr jung – viele schon als Zweijährige – und können über dreißig Jahre alt werden. Kein Wunder, daß sich soviel Sehnsucht an sie knüpft, daß sie zum Glückssymbol wurden und zum Motiv unzähliger Liebesgeschichten.

Wenn Gefahr droht, stehen sie sich gegenseitig bei, und gemeinsam tragen sie auch die Mühen des Familienlebens: Am Teichufer oder auf einer kleinen Insel schleppt das Männchen Schilf, Binsen und Zweige heran, aus denen das Weibchen ein nicht gerade kunstvolles Nest baut. Die Mulde wird mit Daunen aus dem eigenen Federkleid gepolstert. Zwischen März und Juni legt die Schwänin fünf bis acht dickschalige, graugrüne Eier darin ab. Jedes davon wiegt rund 350 Gramm. Während das Weibchen brütet, fungiert der werdende Vater als schwimmender Schutzschild, immer in erreichbarer Nähe. Hin und wieder leistet er seiner Frau im Nest Gesellschaft oder gönnt ihr eine Ruhepause und übernimmt für eine Weile ihren Posten.

Genauso liebevoll, wie sie miteinander umgehen, kümmern sich die Eltern auch um ihre Jungen. Sobald die Kleinen aber in der Lage sind, für sich selbst zu sorgen, werden sie ein für allemal aus dem Nest gesetzt und, sollten sie versuchen zurückzukehren, behandelt wie fremde, ungebetene Gäste. Schwan und Schwänin wenden sich wieder ihrer Zweierbeziehung zu. Ihre Treue, sagen Kenner, sei nicht einfach genetisch vorprogrammiert, sondern Ausdruck wahren Gefühls, deshalb könnten sie fast wie Menschen umeinander trauern. Stirbt einer von beiden, versinkt der andere in tiefer Melancholie, allein mit seinem Spiegelbild im Wasser.

SCHWARZ GEBOREN

Rührend sind sie, die Schwanenküken, wenn sie nach 35 Tagen aus den Eiern schlüpfen, weich und rundlich – aber weit entfernt von der strahlenden Eleganz ihrer Eltern. In grauen Flaum gehüllt, mit gedrungenem Hals, aschfarbenen Füßen und schwärzlichem Schnabel, wirken sie sogar neben ihren Entencousinen unansehnlich – wie Andersens Märchen zeigt.

Frisch auf der Welt, werden die Schwanenkinder im Nest erst einmal sorgsam getrocknet und gewärmt. Aber schon am nächsten Tag beginnt die Schule des Lebens: Unter Anleitung der Eltern müssen sie sich ins Wasser wagen und das Aufspüren der Nahrung lernen. Im festen Verbund zieht die Familie durch Teiche und Seen, die Mutter voran und der Vater wachsam am Ende. Wer von den Kleinen es nötig hat, darf unterwegs auf dem Rücken der Mutter rasten und auch nachts unter ihren Fittichen Geborgenheit suchen. Die Jungschwäne bleiben oft bis zum Spätherbst oder Winter in der Obhut der Eltern. Dann können sie allein für sich sorgen, und Schwan und Schwänin machen sich daran, neuen Nachwuchs aufzuziehen.

Ab der dritten Lebenswoche verwandelt sich das Gefieder der Küken allmählich in das Kleid der Jugendlichen: Anstelle der Daunen beginnen Federn zu sprießen, anfangs noch graubraun gefärbt, dann von immer mehr Weiß durchsetzt. Im zweiten Lebensjahr schließlich erstrahlt das Gefieder im Weiß der Altvögel, ein Zeichen, daß die Jungen erwachsen werden. Auch der Hals streckt sich während dieser Zeit, der Schnabel verliert seine dunkle Färbung, und die Füße werden orangerot. Die Schwingen sind schon mit vier bis fünf Monaten ausgewachsen, und der junge Schwan kann fliegen.

Längst nicht alle Küken kommen so weit. Sehr viele von ihnen sterben schon in den ersten Lebenswochen. Manche als Opfer von Greifvögeln, Füchsen oder Mardern, die Mehrheit jedoch an Nahrungsmangel und Unterkühlung, wenn ihnen der Wettergott zur Zeit des Ausschlüpfens nicht wohlgesonnen ist.

Das hässliche Entlein

Hans Christian Andersen erzählt das Märchen von der verborgenen Schönheit, von versteckten Werten, Irrtümern und Vorurteilen.

Auf einem *alten Herrenhof mit tiefen Kanälen ringsum* saß eine Ente auf ihrem Nest und *sollte ihre kleinen Entlein ausbrüten, aber nun war sie es bald überdrüssig, weil es so lange dauerte und sie selten Besuch bekam ... Endlich platzte ein Ei nach dem anderen; »piep! piep!« sagte es, alle Eidotter waren lebendig geworden und streckten die Köpfe heraus ... »Wie ist die Welt doch groß!« sagten alle Jungen; denn sie hatten nun wahrlich ganz anders Platz, als da sie noch drinnen im Ei gelegen. »Glaubt ihr, das sei die ganze Welt?« sagte die Mutter,* und meinte, die Welt erstrecke sich bis zum Garten des Pfarrers, dort sei sie allerdings noch nie gewesen.

Die Tiere befinden sich in ihrer engen Welt, in einem Hühnerhof. Ungewöhnliches paßt hier nicht her, fällt sofort auf. So auch das große Ei, das noch im Nest liegt. Unwillig setzt sich die Ente noch einmal darauf, lange kann es nicht mehr dauern. Endlich kommt auch Besuch, eine dieser alten, bösen Enten schwimmt heran. Statt die frisch geschlüpften Küken zu bewundern, interessiert sie sich für das liegengebliebene Ei. *»Ja, das ist ein Truthennenei«*, unkt sie. *»Laß es liegen und lehre lieber die andern Kinder schwimmen!«* Doch die Entenmutter läßt sich nicht beirren. *»Ich will doch noch ein wenig daraufliegen! ... habe ich nun so lange gelegen, so kann ich auch noch einige Tage länger liegen!«*

»Bitte schön!« sagte die alte Ente, und dann ging sie.

Endlich platzte das große Ei. »Piep! piep!« sagte das Junge und fiel heraus; es war so groß und häßlich. Die Ente sah es an: »Das ist doch ein schrecklich großes Entlein das!« sagte sie; »keins von den andern sieht so aus!«

Bei den ersten Schwimmversuchen mit den vermeintlichen Geschwistern jedoch erweist sich das Tier als überraschend geschickt und läßt die Entenmutter ausrufen: *»Schau, wie schön es die Beine gebraucht, wie rank es sich hält! Es ist mein eigenes Kind! Im Grunde ist es doch ganz hübsch, wenn man es richtig anschaut!«*

Die Geschwister und die anderen Tiere des Hofes sind nicht dieser Meinung. Und weil das arme Entlein so häßlich ist, wird es von allen *gebissen, gepufft und gefoppt ... und die Hühner hackten nach ihm, und das Mädchen, das den Tieren Futter geben sollte, stieß mit den Füßen nach ihm. Da lief es und flog über die Hecke hinweg.* Unfreiwillig verläßt der Vogel die enge Umgebung und findet sich erstaunt in der Natur wieder, unter wildlebenden Enten und Gänsen. Dort wird es wenigstens nicht schikaniert, seinen Makel jedoch behält es.

»Du bist grundhäßlich!« sagten die Wildenten, »aber es kann uns gleich sein, wenn du nur nicht in unsere Familie hineinheiratest!« Davon wagt der Enterich nicht einmal zu träumen. Froh über diese Kameradschaft, nimmt er den Vorschlag an, auch ein Zugvogel zu werden. Doch auf dem Weg zu einem anderen Moor, wo es *süße, liebliche Wildgänse* geben soll, knallen die Schüsse der Jäger. Eine neue, unbekannte Gefahr lauert. Als plötzlich ein großer Jagdhund auftaucht und sich zum Glück wieder abwendet, seufzt das Entlein: *»O gottlob! ... ich bin so häßlich, daß selbst der Hund mich nicht beißen mag!«* Endlich einmal gereicht ihm seine Häßlichkeit zum Vorteil.

Als es Nacht wird und stürmisch, sucht es in einer warmen menschlichen Behausung Schutz. In der Hoffnung auf frische Enteneier gibt ihm die Frau drei Wochen Probezeit. Auch die dortige Welt ist eng und beschränkt. *Der Kater war Herr im Haus, und die Henne war Madame, und immer sagten sie: »Wir und die Welt!« denn sie glaubten, sie seien die Hälfte, und zwar der allerbeste Teil. Das Entlein fand, daß man auch eine andere Meinung haben könne, aber das duldete die Henne nicht.* Sehnsuchtsvoll erinnert sich das Entlein an das Wasser, schildert die Wonnen des Untertauchens, erntet jedoch nur Unverständnis. Betrübt beschließt es, *hinaus in die weite Welt* zu gehen.

Es wird Herbst, die Wolken hängen *schwer mit Hagel und Schneeflocken*, und *das arme Entlein hatte es wahrlich nicht gut. Eines Abends, die Sonne ging so prächtig unter, kam ein ganzer Schwarm schöner, großer Vögel aus dem Gebüsch. Das Entlein hatte noch nie solch schöne gesehen; sie waren ganz schimmernd weiß mit langen, geschmeidigen Hälsen; es waren Schwäne, sie stießen einen ganz sonderbaren Laut aus, breiteten ihre prächtigen, langen Flügel aus und flogen fort von den kalten Gegenden nach wärmeren Ländern, zu offenen Seen; sie stiegen so hoch, so hoch, daß es dem häßlichen, kleinen Entlein ganz wunderlich zumute wurde … Oh, es konnte die schönen Vögel, die glücklichen Vögel nicht vergessen …*

Nach einem harten, kalten Winter bricht ein schöner Frühling an. *Da hob es auf einmal seine Flügel, sie brausten stärker als früher und trugen es kräftiger davon; und ehe es sich versah, war es in einem großen Garten, wo die Apfelbäume in Blüte standen, wo der Flieder duftete und an den langen, grünen Zweigen bis zu den gewundenen Kanälen herunterhing. Oh, hier war's so schön, so frühlingsfrisch! Und gerade vorn, heraus aus dem Dickicht, kamen drei schöne, weiße Schwäne; sie brausten mit den Federn und schwammen so leicht auf dem Wasser …*

»Ich will zu ihnen hinfliegen, den königlichen Vögeln! Und sie werden mich totschlagen, weil ich, der ich so häßlich bin, mich ihnen zu nähern wage« … Und es flog ins Wasser hinaus und schwamm zu den prächtigen Schwänen hin; diese sahen es und schossen mit brausenden Federn auf es zu. »Tötet mich nur!« sagte das arme Tier und beugte seinen Kopf zur Wasserfläche hinab und erwartete den Tod –, aber, was sah es in dem klaren Wasser? Es sah unter sich sein eigenes Bild; aber es war nicht länger ein plumper, schwarzgrauer Vogel, häßlich und garstig, es war selbst ein Schwan.

Völlig überraschend entdeckt der junge Enterich seine Schönheit. Der Kontrast ist groß: Der Ungeliebte, Verstoßene wird zum uneingeschränkten Star des Teichs.

»Da ist ein neuer!« jubeln die Kinder. Und *sie klatschten in die Hände und tanzten umher … und alle sagten sie: »Der neue ist der schönste, so jung und so prächtig!« und die alten Schwäne verneigten sich vor ihm. Da fühlte er sich ganz beschämt und steckte den Kopf unter die Flügel, er wußte selbst nicht, wie ihm war; er war allzu glücklich, aber gar nicht stolz, denn ein gutes Herz wird nie stolz.*

Hans Christian Andersen erzählt uns ein Tiermärchen. Er verwendet dafür eine epische Form, die aus der Fabel entstanden ist, wie wir sie von Aesop und La Fontaine her kennen. Bezeichnend für diese Erzählform ist die Übertragung menschlicher Verhaltensweisen auf die Tierwelt, die dem Dichter didaktische Hinweise und satirische Angriffe auf die Gesellschaft und deren Schwächen erlaubt.

Auch im »Häßlichen Entlein« agieren die Tiere stellvertretend für die Menschen. Der Hühnerhof ist die Bühne für wohlbekannte und akzeptierte Verhaltensnormen, für Besitzansprüche, Neid und Mißgunst bis hin zur Gefühllosigkeit. Eine enge Welt, die durch einen Zaun begrenzt wird. Die Wildnis, die Freiheit, liegt dahinter. Mit der räumlichen Enge geht die Enge der Wahrnehmung einher. Intoleranz, die den Zaun nicht überspringen kann. Das Unpassende, Unbekannte, das andere ist unerwünscht und wird herumgestoßen, hinausgedrängt – dem, der es verkörpert, wünscht man sogar den Tod.

Der junge Schwan läßt sich von der allgemeinen Haltung beeindrucken, macht sie sich zu eigen und kann den eigenen Wert nicht erkennen. Die schicksalhafte Wende ereignet sich eher zufällig: Er entdeckt nicht sich selbst, sondern seine neue, schöne Gestalt. So ist der Wandel vom Verstoßenen zum Superstar nicht einer Entwicklung zu verdanken, sondern der »richtigen« Geburt.

»Es macht nichts, im Entenhof geboren zu sein«, resümiert Hans Christian Andersen, »wenn man nur in einem Schwanenei gelegen hat.«

Das Märchen läßt uns nachdenklich zurück: Wie wäre es wohl, als schwarzer Schwan geboren zu sein?

Wie ein Schatten des in strahlendes Weiß getauchten Schwans unserer Breiten ist auf der anderen Seite der Welt, in Australien, der ebenso majestätische Schwarze Schwan zu Hause. Hier ein Symbol für Licht und Liebe, dort die Verkörperung von Melancholie und Tod – darum auch Trauerschwan genannt. Als wollte er die Einheit von Leben und Tod demonstrieren, hebt der dunkle Vogel im Flug schneeweiße Schwingen aus dem schwarzen Gefieder.

PORTRÄT EINES ÜBERIRDISCHEN

Die Götter müssen gewollt haben, daß der Schwan in seinem leuchtenden Gewand ihnen so sehr gleicht. Das Weiß seines Gefieders entsteht weder durch einen simplen Farbstoff noch durch einen Mangel an Pigmenten, sondern beruht auf der besonderen Beschaffenheit der Federn. Ihre außen harten Kiele umschließen einen schwammartigen, von Luft durchsetzten Kern. An dieser Luft bricht sich das Licht, wird als blendendes Weiß reflektiert und umgibt den Vogel mit einer Gloriole aus reinem, überirdischem Glanz.

Es segelt sanft auf Silberwogen
 Im Schneegewand der stolze Schwan;
Gesanglos ist er lang gezogen
 In stummer Lust die stille Bahn.

Im Morgenrot, im Mondenscheine
 Die Flut durchschifft' er frei – und schwieg,
Am Ufer blühten Rosenhaine,
 Er segelte vorbei – und schwieg.

Jetzt, da der Pfeil sein Herz durchdrungen,
 Da ihm der Tod im Busen glüht:
Was er in Wonne nie gesungen,
 Er singt's im Schmerz, sein erstes Lied.

Anastasius Grün

Mit gelben Birnen hänget
Und voll mit wilden Rosen
Das Land in den See,
Ihr holden Schwäne,
Und trunken von Küssen
Tunkt ihr das Haupt
Ins heilignüchterne Wasser.

Weh mir, wo nehm' ich, wenn
Es Winter ist, die Blumen, und wo
Den Sonnenschein,
Und Schatten der Erde?
Die Mauern stehn
Sprachlos und kalt, im Winde
Klirren die Fahnen.

Friedrich Hölderlin
HÄLFTE DES LEBENS

Sie stiegen jetzt eine halb belaubte Brücke über einen langen, von Pappeln umflatterten Wasserspiegel hinauf, wo Lianens Ebenbild, nämlich ein Schwan, auf den Wasserringen schlief, den gebogenen Hals schön auf den Rücken geschlungen, den Kopf auf dem Flügel, und leise mehr von den Lüften gedreht als von den Wellen.

Aus Jean Paul
TITAN

Ob meiner Scheitel
Spannt seine Flügel aus der helle Schwan,
Ein Erberecht der Sterne, welche gingen ...
Und wie geschlagne Saiten zitternd klingen,
Kommt an mein Aug der Leier Strahl heran.

Aus Franz Grillparzer
Libussa

SIE ENTSCHWINDEN
ABSCHIED VOM SCHWAN

Es grenzt an ein physikalisches Wunder, daß dieser große, schwere Vogel sich in die Lüfte schwingen kann. Und tatsächlich kostet ihn der Start einige Mühe. Den Hals weit vorgereckt und den Körper gegen den Wind aufgerichtet, schlägt er in schneller werdendem Rhythmus mit den starken Flügeln, während die breiten Füße kräftig auf die Wasserfläche treten. Zwanzig Meter lang kann die Anlaufstrecke sein, bei Windstille sogar noch mehr. Dann endlich hebt der Schwan ab, gewinnt schnell an Höhe und weht mit ausgespannten Fittichen davon – begleitet von der uralten Sehnsucht der Menschen, einmal so frei und losgelöst durch Nebel, Wolken und Sonnenglanz fliegen zu können.

Schwerelos zieht der Schwan auf der Wasseroberfläche dahin, federleicht wippt das weiße Gewölk und gaukelt uns poetische Bilder vor. Schwere, Kraft und Stärke zeigen sich erst, wenn der Vogel sich in die Lüfte erheben möchte. Ähnlich wie große Flugzeuge braucht er eine lange Startbahn. Sein Räderwerk sind die breiten Schwimmfüße. Er tritt damit das Wasser, heftiges Flügelschlagen unterstützt das Abflugmanöver. Schwerfällig löst sich das Tier von der Wasseroberfläche, steigt auf und wird schwerelos. Hat es einmal den Äther erreicht, werden die Flügel weit ausgespannt, Kopf und Hals geradeaus gestreckt: Die Majestät ist zurückgekehrt. Hoch in den Lüften sehen wir die Schwäne davonziehen, ausdauernd und gleichmäßig ist ihr Flug. Nachdenklich blicken wir ihnen nach. Werden sie zurückkommen, und wo werden wir dann sein? Vielleicht sind auch wir aufgebrochen in die Länder unserer Sehnsucht.

Tauch unter, Schwan, und aus der Welle Schoß
Erstehe doppelt blank und makellos! ...

Du lächelst Deinem Knecht belohnend zu,
In goldne Himmelsglorie schwindest Du ...

Aus Conrad Ferdinand Meyer
HUTTENS LETZTE TAGE

Bevor er in die blaue Flut gesunken,
Träumt noch der Schwan und singet todestrunken;
Die sommermüde Erde im Verblühen
Läßt all ihr Feuer in den Trauben glühen;
Die Sonne, Funken sprühend, im Versinken,
Gibt noch einmal der Erde Glut zu trinken,
Bis, Stern auf Stern, die Trunkne zu umfangen,
Die wunderbare Nacht ist aufgegangen.

Joseph von Eichendorff
Todeslust

Fotografische Notizen zum Schwan
von Anselm Spring

Wann mich die Leidenschaft gepackt hat, den Schwan, ob Fabelwesen oder Großgans, zu fotografieren, kann ich nicht mehr sagen, aber ich erinnere mich deutlich an das Bild, das den Anstoß gab, mich diesem phänomenalen Wasservogel fotografisch zu widmen.

Bankauszüge wollte ich wahrscheinlich holen oder den *Spiegel* kaufen – jedenfalls hatte ich sicher einen alltäglichen Grund, um in die Stadt zu gehen. Es war ein grauer, neblig trüber Morgen, der eher zu depressiven, melancholischen Stimmungen als zu erleuchtenden, mystischen Erfahrungen inspirierte. Da tauchten sie, begleitet vom leichten Singen ihrer mächtigen Schwingen, schemenhaft im Nebel auf, zogen über die Brücke und verschwanden wieder. Schwäne, na ja ... davon gibt es viele, manche Leute betrachten sie sogar als Plage. Auf dem Heimweg blieb ich noch einmal am Lech stehen, der Nebel hatte sich ein wenig gelichtet, und die Sonne drang durch – da sah ich sie wieder. Drei waren es diesmal, ihre weißen Flügel leuchteten im Glanz der Sonne auf. Dieser Augenblick war es wohl, der mich inspiriert hat. Da ich damals nur ein paar Minuten von der Brücke entfernt wohnte, holte ich umgehend Kameras, die passenden Objektive, und die nun fast zwanzig Jahre andauernde Geschichte einer fotografischen Beziehung begann. Sie wurde zur Leidenschaft – zur Schwansucht, zum Schwahnsinn.

Vom hohen Rang, den er in der menschlichen Betrachtungsweise einnimmt, weiß der Schwan wahrscheinlich nichts. Sein Alltagsleben ist ziemlich profan, und außer Putzen, Fressen, Schlafen, Sorge um die Nachkommenschaft und mißtrauische Bewachung von Reviergrenzen geschieht nichts Außergewöhnliches in seinem Leben. Fast habgierig, immer futterneidisch, es sei denn, er ist gerade satt und überfressen, stürzt er sich auf die Brotbröckchen, die Menschen ihm geben. So zu beobachten an der Lechbrücke in Landsberg, bei der sich an kalten Tagen manchmal bis zu einhundertundfünfzig Schwäne einfinden. Sobald jemand mit prallen Plastiktüten zu dem Platz unterhalb der Brücke kommt, zieht er das Interesse der weißen Vögel auf sich, denn eins haben die Schwäne längst gelernt: Diese Tüten verheißen Brot. Ohne Anmut, ohne Majestät werden die Stückchen gegen andere Artgenossen verteidigt, den viel kleineren Enten gnadenlos abgejagt. Würde Lohengrin so handeln?

Große Brocken werden im ganzen verschlungen, sie rutschen, eine häßliche Verdickung im langen, schlanken Hals verursachend, langsam in den Magen hinunter. Das mag oberflächlich und wenig differenziert klingen, aber ich bin nun mal kein Verhaltensforscher. Ich bin Fotograf, der nur fotografiert, was ihn interessiert. Der Schwan als rein ornithologisches Objekt interessiert mich nicht.

Mich fasziniert das Weiß seiner Erscheinung, die Harmonie seiner synchronen Bewegung beim Paarungsspiel, der Rausch seines geradezu ekstatischen Bades, das von wildem Flügelschlagen und Sich-in-die-FlutenStürzen begleitet wird. Dann fängt sich das Licht im spritzenden Wasser, wird eins mit dem Schwanenweiß – der Schwan wird zum faszinierenden Spielgefährten der Phantasie, zur makellos reinen Projektionsfläche innerer Bilder.

Tierfotografie erfordert viel Geduld, und manchmal stehe ich stundenlang am Fluß, um auf etwas Aufregendes zu warten. Zeit zum Nachdenken ... Manchmal überfällt mich dann die beklemmende Gewißheit, daß ich auf der Jagd nach Bildern an dem Erlebnis der Wirklichkeit der Natur und des Lebens vorbeigehe, da mich der Standpunkt des Fotografen in die Lage eines Menschen drängt, der stets »außen vor«, »daneben« und auch »über allem« zu stehen scheint. Nur das Bild ist von Bedeutung, und seiner Wahrnehmung ist meist ein Objektiv zwischengeschaltet.

Ich will auf den Film bannen, was ich als wahre Wirklichkeit und Anliegen des Lebens sehe, nämlich Drama, Schönheit, Spannung ... Dabei tritt die objektive Realität oft in den Hintergrund. Ich gehöre nicht zu den Freaks und Puristen, die glauben, ein akzeptables Foto muß in jedem Fall die äußere, sichtbare Wirklichkeit exakt wiedergeben – farbgetreu, unverzerrt, ohne Korn und knackescharf. Eine hoffnungslos unrealistische Forderung, wie ich meine, denn wann immer jemand eine Kamera in die Hand nimmt, manipuliert er die Wirklichkeit: durch seinen Standpunkt, durch die Wahl des Films, durch das vorherrschende Licht usw.

Mit Hilfe der Fotografie kann ein Mensch die Bilder seiner Innenwelt in die Außenwelt projizieren. Auf das Wort übertragen heißt das nichts anderes, als daß man ausspricht, was man denkt, also Bilder so macht, wie man die Welt sieht. Das ist ehrlich, aber nicht unbedingt wahr.

Und noch etwas interessiert mich: die Begegnung mit dem abstrakten Ungestalteten. Meine Schwanenbilder zeigen nicht nur die große Gans in ihrem Idealbild Schwan, sondern auch meine Begeisterung für die reine Bewegung, für Form und Licht, für Inhalte. Schade, daß diese Augenblicke vollkommener Harmonie oft nur Bruchteile von Sekunden währen. Aber in solchen Augenblicken können große Bilder entstehen.

Leider hat sich auch modernste fotografische Technologie immer wieder als unzulänglich erwiesen, dem Weiß der Federn, den plötzlichen Ausbrüchen von Aggression und überraschenden Wendungen schwanischer Emotionen gerecht zu werden. Zu kraß sind die Kontraste – manchmal ohne Information für höchste Kameratechnik, manchmal zu abrupt für automatische Schärfeneinstellung.

Trotzdem war ohne die High-Tech-Generation der Kameras in den ersten Jahren meiner Schwanen-Fotografie die Ausbeute technisch einwandfreier Bilder gering. Mit Autofocus und anderem fotografischen »Schnickschnack« stieg sie auf das Dreifache. Angemessene digitale Bildbearbeitung kann die Effizienz und den »kreativen Output« des Fotografen, der (selbst-)bewußt auch modernste Möglichkeiten nutzt, um ein Vielfaches steigern. Ich bin nicht grundsätzlich gegen nachträgliche Bildbarbeitung, die nicht stärker manipulativ sein muß, als die Fotografie es ohnehin ist. Sie hat durchaus ihre Berechtigung. Selbst Persönlichkeiten wie Ansel Adams setzten sie mit Leidenschaft und großem Erfolg ein. Wenn es darum geht, die Wirklichkeit eines Motivs dadurch zu unterstreichen, daß man Störendes wegläßt, Unbrauchbares korrigiert und Wichtiges betont, so läßt sich das heute viel einfacher, glaubwürdiger und sehr elegant machen.

Die Problematik, die sich mehr und mehr abzeichnet und die Welt der Fotografie in Lager spaltet, muß man in jedem Fall sehr differenziert betrachten, und was für seriösen Journalismus gilt, hat wenig Bedeutung für einen Landschaftsfotografen, der mit seiner Kamera romantisch und idealistisch Bilder malt. Ich persönlich bin der Meinung, man sollte sehr verantwortungsbewußt mit den »neuen Freiheiten« der Bildgestaltung umgehen, und empfinde es als Verpflichtung, die »Wahrheit« der (natürlichen) Wirklichkeit eines Bildes nicht zu verfälschen.

Doch zurück zum Schwan. Besonders wichtig für den fotografischen Erfolg war meine persönliche Einstellung und Kenntnis vom Verhalten und den Eigenarten des Schwans dort, wo ich ihn fotografieren wollte. Ich mußte ihn kennenlernen. Ich begann zu hören, wann Schwäne im Anflug waren, aus Halsbewegungen und bestimmten Lauten lernte ich zu lesen, wann er starten wollte. Er hatte bestimmte Badezeiten, ein bestimmtes Verhalten nach dem Landen usw. Ich konnte zwischen »charakterlosen« und »edlen« Schwänen unterscheiden – manche stets träge, manche stets zu einem Streit aufgelegt, manche immer nur gefräßig.

Bis zu einem gewissen Grad lernte ich vorherzusehen, wann sich gute fotografische Gelegenheiten ergeben würden und was ich von unterschiedlichen Situationen erwarten durfte. Immer wieder habe ich Revierkämpfe beobachtet, leider meist zu weit entfernt, um sie fotografieren zu können – brutale Kämpfe, die einmal sogar mit der gnadenlosen Vernichtung eines Widersachers endete. An der Futterstelle am Lech waren diese Kämpfe nur ansatzweise zu beobachten, und der Wunsch, einen solchen Kampf fotografieren zu können, wurde immer größer.

Wenn zwei aggressive Männchen sich aufeinanderstürzen, sich wild mit den Flügeln schlagend umkreisen, umtanzen und dann ringend mit ihren Schwingen versuchen, den anderen unter Wasser zu drücken, tobt ein Kampf, der geradezu archaisch anmutet. Aug in Auge begegnen sich zwei Rivalen, ihre Kampfgebärden mögen Schwanenritter zu »edlem Streit« animiert haben.

Die Gelegenheit, einen Schwanenkampf zu fotografieren, bekam ich leider nie. Doch bei jeder Begegnung mit dem Schwan entdecke ich Neues, auch wenn es sich nicht immer fotografisch umsetzen läßt. Und immer wieder tauchen dieselben Fragen auf: Ist es Friede, den sie verkörpern, wenn sie gelangweilt im Fluß treiben? Ist es Sinnlichkeit, wenn sie den langen Hals ins Gefieder betten, den roten Schnabel tief in die Federn stecken? Und wenn die Schwäne im abendlichen Dämmerlicht wieder flußaufwärts zu ihren Brutplätzen ziehen, frage ich mich oft, wer da wohl entschwindet. Sind es die verwunschenen Prinzen, von denen im Märchen erzählt wird? Ist es »Gott« in einem besonders schönen Kleid seiner Schöpfung?

Für mich als Fotograf ist dieses Buch ohne Zweifel ein Höhepunkt meines fotografischen Schaffens; ein Schlußstrich unter meine Leidenschaft, Bilder vom Schwan zu machen, ist es nicht. Jetzt, da das fertige Buch vor mir liegt und sich distanziert betrachten läßt, sehe ich auch Inhalte, die mir als Fotograf verborgen waren. Ich kann heute sehr gut verstehen, warum Menschen romantisch und idealistisch verklärend ein ganz anderes Bild vom Schwan haben als ich. Besonders berührt hat mich ein Gedicht von Jutta Heckmann-Heuer, das sie mir, inspiriert von meiner leidenschaftlichen Begegnung mit dem Schwan, gewidmet hat. Daraus möchte ich zwei Verse zitieren:

Majestätisch ziehn die Schwäne
Ihre Bahnen auf dem See
Ohne Ruder – wie die Kähne
Ferner Ritter Erdenweh.

Schwanenritter bringen leise
Ihre Hilfe und ihre Lieb.
Reiner Menschen Unschuld weise
Zu bezeugen. Doch, was blieb?

Meine Bilder werden von Texten anderer Autoren begleitet, und mir fällt auf, daß im Mythos Schwan das gesamte geistige Fundament meines eigenen Strebens im Leben verborgen ist. Wäre es anders, hätte ich mich vielleicht nicht so intensiv mit dem Thema beschäftigt. Als Fotograf hat mich die pure Optik angezogen, im Unterbewußtsein, in den Tiefen meiner Seele jedoch war es der Mythos. Das ist für mich kein Widerspruch, sondern zeigt lediglich, wie vielschichtig die Persönlichkeit eines Menschen ist. So wurde und ist der Schwan eine Begegnung mit mir selbst (als Mensch und Fotograf).

ZITATNACHWEIS

S. 14 *Emblemata. Handbuch zur Sinnbildkunst des XVI. und XVII. Jahrhunderts* (hrsg. v. Arthur Henkel u. Albrecht Schöne), Stuttgart, 1967, S. 817
Wörterbuch der Mythologie (hrsg. v. Haussig), Stuttgart 1984
S. 15 Aelian, in Otto Keller, *Die Antike Tierwelt*, Leipzig 1913, S. 214
Dionysios, ebd. S. 214
Ariost, in *Paulys Realencylopädie der Classischen Altertumwissenschaft*, Stuttgart 1921, S. 786
Philostratos, in Keller, S. 218
Emblemata, S. 816
S. 16 Aischylos, in Georg Büchmann, *Geflügelte Worte*, Berlin 1972, S. 497
Clemens Brentano, *Godwi*, Bremen 1801-1802
Heinrich Heine, *Buch der Lieder*, Hamburg 1827
Isidorus (i.e. Otto Heinrich Graf von Loeben), *Der Schwan. Poesien aus dichterischer Jugend*, Leipzig 1816
George, Stefan, *Das Jahr der Seele*, Berlin 1897
S. 17 Rainer Maria Rilke, *Die Gedichte*, Frankfurt a.M. 1969
Benn, Gottfried, *Gesammelte Werke* (hrsg. v. Dieter Wellershoff), Wiesbaden 1958-61
S. 27 Christoph Martin Wieland, 12. Gesang aus *Oberon*, Weimar 1796
S. 30 Johann Wolfgang von Goethe, *Werke*, Wiesbaden 1949
S. 33 August Wilhelm von Schlegel, *Lucinde*, Berlin 1799
S. 36 Charles Baudelaire, *Gedichte*, Wiesbaden 1958
S. 50 Bettina von Arnim, *Die Günderode*, Grünberg und Leipzig, 1840
S. 55 Clemens Brentano, *Rheinmärchen*, Stuttgart und Tübingen 1846
S. 66 William Butler Yeats: *Werke*, Bd. I, Ausgewählte Gedichte (hrsg. v. Werner Vordtriede, Übersetzung: Wilhelm Deinert), Darmstadt und Neuwied 1960
S. 81 Rilke, a.a.O.
S. 85 Heinrich Heine, *Buch der Lieder*, Hamburg 1827
S. 92 Richard Wagner, *Sämtliche Schriften und Dichtungen*, Leipzig 1911, Bd. III
Charles Baudelaire, *Briefe*, o.O. 1909
S. 93 König Ludwig II. und Richard Wagner, *Briefwechsel* (bearb. v. Otto Strobel), Karlsruhe 1936-39
S. 118 Rudolf Alexander Schröder, in *Die Insel*, o. O. 1900
S. 120 William Butler Yeats, *Gedichte* (Übertragung und Nachwort von Herbert Herlitschka), Zürich 1958
Robert von Ranke-Graves, *Griechische Mythologie*, Hamburg 1960
S. 122 Euripides, in *Paulys Realencylopädie*, a.a.O.
S. 122f. *Ausführliches Lexikon der Griechischen und Römischen Mythologie* (hrsg. v. W. H. Roscher), Teubner 1894-1897
S. 123 Rilke, a.a.O.
S. 131 Friedrich Hölderlin, *Sämtliche Gedichte*, Athenäum 1970
S. 132 Heinrich Heine, *Aus den Memoiren des Herren von Schnabelewopski*, Hamburg 1834
S. 148 f. Hans Christian Andersen, *Märchen*, Zürich, o. J. (Aus der Vorlage zitierte Textteile sind kursiv gesetzt)
S. 162 Anastasius Grün, in Keller, S. 215
S. 166 Friedrich Hölderlin, *Sämtliche Gedichte*, Frankfurt a.M. 1970
S. 173 Jean Paul, *Titan*, Berlin 1800-1803
S. 176 Franz Grillparzer, *Libussa*, Stuttgart 1872,
S. 182 Conrad Ferdinand Meyer, *Huttens letzte Tage*, Leipzig 1892
S. 186 Joseph von Eichendorff, *Werke*, München 1977

Sibylle Kaldewey schrieb die Texte auf den Seiten 14-17, 86, 88-93, 120-123, 148 f. und 181; alle anderen Texte stammen von Brigitte Beil.